Hélio Loureiro

À MODA DO PORTO

*Gastronomia com história
ao alcance de todos*

Título: À Moda do Porto

Autor: Hélio Loureiro

Copyright © 2016 CMP, os autores dos textos e Edições Almedina S.A.

Fotografias: João Margalha | www.margalhafotografia.com

Capa de FBA
Na capa: Francesinha | © João Margalha
Na contracapa: Cozinha da Feitoria Inglesa | © João Margalha

Depósito Legal n.º 419214/16

Biblioteca Nacional de Portugal – Catalogação na Publicação

LOUREIRO, Hélio

À Moda do Porto
ISBN 978-972-40-6874-9
CDU 641

Paginação:

MA

Impressão e acabamento:
ARTIPOL - ARTES TIPOGRÁFICAS, LDA.

para

Edições Almedina S.A.

em

Dezembro de 2016

Todos os direitos reservados
por Edições Almedina S.A.

Esta obra está protegida pela lei. Não pode ser reproduzida,
no todo ou em parte, qualquer que seja o modo utilizado,
incluindo fotocópia e xerocópia, sem prévia autorização do Editor.
Qualquer transgressão à lei dos Direitos de Autor será passível
de procedimento judicial.

Agradecimentos

Agradeço

à Joana Lencastre,

ao espaço Soundwich,

à chefe Adozinda Gonçalves,

à Sara Lutas,

ao fotógrafo João Margalha,

à Maria do Céu Pinto Loureiro,

aos meus colegas chefes de cozinha: António Vieira, Camilo Jaña, José Cordeiro, Inês Diniz, João Pupo Lameiras, Luís Américo, Marco Gomes e Rui Paula.

à Câmara Municipal do Porto,
por toda a dedicação, estímulo e trabalho que tiveram com esta publicação. Em especial ao Presidente Rui Moreira, ao Vereador Manuel Aranha, à Maria Manuela Rezende e à Helena Vilasboas Tavares.

À minha Cidade do Porto
e a todos os tripeiros
que tornam esta cidade única
e estão sempre de braços abertos
para receber quem vem ao seu encontro.

Abertura

Hélio Loureiro é um dos grandes chefes portuenses. Homem da cultura, que conhece cada palmo da sua cidade do Porto, tem uma carreira notável. As suas iguarias foram servidas a chefes de Estado e monarcas, mas ele cuidou, também, de democratizar a gastronomia portuguesa e portuense. A sua invulgar capacidade como comunicador de excelência granjeou-lhe um reconhecimento público invulgar, com uma intervenção mediática em que alia os seus saberes à sua afabilidade.

No Porto, todos o conhecem e respeitam. Porque tem sabido, ao longo da sua carreira, elevar a gastronomia portuense. Uma gastronomia até hoje inclassificável, até porque foge aos parâmetros mediterrânicos. A influência sueva, nomeadamente nas carnes e nas tripas, a fusão atlântica, que está por revelar ao Mundo, constitui uma «cozinha atlântica» que urge promover.

Aproveitar essas raízes, os seus condimentos, é aquilo que Hélio Loureiro nos propõe nesta obra, recorrendo aos seus pares mais ilustres. Transformar a nossa «dieta» numa gastronomia requintada, sem perder o norte, sem esquecer os seus cheiros e os seus sabores, é uma aposta que nos desafia e convoca. Afinal, aquilo que Hélio Loureiro sempre fez, enquanto inovador que alia a tradição ao cosmopolitismo e associa o passado ao presente, para nos propor caminhos para o futuro.

Rui Moreira
Presidente da Câmara Municipal do Porto

Prefácio

Quando falamos do Porto, falamos da sua marca com um simbolismo peculiar muito associado à cultura, mas também ao seu caráter e à alma da sua gente – dos afetos, do saber acolher como ninguém, com simpatia calorosa, todos aqueles que nos visitam. O caráter genuíno, autêntico, disponível e franco que caracteriza os portuenses, vulgarmente conhecidos como «tripeiros», assume o papel de uma marca histórica, fazendo também parte do património imaterial da Cidade que importa preservar.

Esta herança, aliada a uma gastronomia rica e variada, é também reconhecida por quem nos visita e muitas vezes relembrada pelas memórias e sabores que perduram, para sempre, associados à nossa Cidade.

Assim, quem tem o prazer de se deliciar com um prato «à moda do Porto», sabe o que significa comer com generosidade, mas simultaneamente com requinte.

A gastronomia do Porto desvenda verdadeiras iguarias que vão desde especialidades, como a tão falada Francesinha, as tradicionais Tripas à Moda do Porto e o famoso Bacalhau à Gomes de Sá, até a inúmeros pratos da cozinha contemporânea, da autoria de diversos *chefs* de reconhecido talento que proliferam pela Cidade.

A tradição gastronómica da Cidade implicou que desde sempre, mas com particular preponderância nos últimos anos, surgissem e se afirmassem profissionais altamente qualificados que dedicam a sua vida a criar e a conceber novas experiências para o palato, bem como a planear e programar uma imensurável riqueza de cardápios.

Foi com este espírito de conjugação de ancestralidade e modernidade que este livro foi pensado, tendo sido lançado o desafio a um dos maiores e mais conceituados *chefs* da Cidade, Hélio Loureiro, para coordenar este projeto, convidando alguns dos seus mais ilustres colegas de profissão a «revisitar» algumas receitas tradicionais do Porto, dando origem a cinquenta e nove «obras de arte» retratadas e explicitadas nesta obra.

Assim, os *chefs* Hélio Loureiro, Rui Paula, Marco Gomes, Inês Diniz, João Pupo Lameiras, Camilo Jaña, António Vieira, José Cordeiro e Luís Américo vão apresentar-nos o que o Porto tem de melhor, em versão portuguesa e em versão inglesa, para que todos aqueles que nos visitem possam levar com eles um pouco da nossa Cidade e da marca **Porto**.

Manuel Aranha
Vereador do Comércio, Turismo e Fiscalização

Nota Introdutória

O meu Porto tem aromas de canela e de limão, de castanhas pelas ruas, dos manjericos das festas joaninas, do mau cheiro do alho-porro, da suavidade da cidreira, do sal do mar na Foz.

Sabe-me a beijos dos meus pais, dos meus avós. Sinto-o em abraços de carinho por todos aqueles que por mim se cruzaram e cruzam. Sabe a Vinho do Porto com *éclairs* da Quinta do Paço, a bolo-rei da Petúlia e da Nova Real, a farturas das barracas no São João.

O meu Porto tem sentimentos, uma cidade que ama os que são seus, nunca madrasta, sempre uma boa mãe e, como um bom pai, educador e justo.

Aqui, tenho pequenas histórias contadas nos cafés, sejam no majestoso Majestic ou no meu querido Progresso, com o seu saboroso café de saco.

Musicalidade do mercado do Bolhão, das ruas da Ribeira e da Vitória, dos sinos das igrejas dos órgãos de tubos da Lapa, da Sé e da Cedofeita, minha paróquia de nascimento.

O meu Porto, onde corre vinho fino do Douro, brancos e tintos da região dos vinhos verdes, tem a alegria de uma cidade onde abraçamos quem nos visita.

O meu Porto, onde me perco e me encontro, nas partidas e nas chegadas, tem uma alma de liberdade, inquieta e provocadora, orgulhosa, altiva, nobre e digna, sempre com memória.

Tem alfarrabistas nas ruas mais antigas, livrarias e bibliotecas, teatros e cinemas, música e espetáculos de rua.

O meu Porto tem mesa farta, que chega sempre para mais um, restaurantes e tascas onde se comem velhas receitas com tantas histórias, entre conversas abertas e francas.

O meu Porto tem ruas e ruelas onde mora o seu bem mais precioso: a sua Gente, os Tripeiros.

Obrigado, velha cidade, sempre tão nova e cada vez mais forte e mais bonita!

Aqui sou Feliz.

Entradas e Petiscos

Câmara Municipal do Porto ▶

Caldo-verde

INGREDIENTES
(4 pessoas)

- 1 kg de batatas
- 2 dl de azeite
- 100 g de chouriço de carne
- 200 g de couve-galega cegada muito fina
- 1 ramo de hortelã (facultativo)

Escreveu Camilo Castelo Branco no século XIX sobre o caldo-verde:

«Ora eu, que nesta fidalga e francesa Lisboa, tenho sido espetáculo de riso, pedindo nos hotéis e recomendando aos meus amigos o caldo-verde, insisto contumazmente em me expor à mofa da gente culta, dando à estampa, neste lugar e para meu duradouro opróbrio, o panegírico do caldo-verde, caldo dos meus avós, e de padre João, e de sua irmã.»

Passados mais de cento e cinquenta anos, eis que o caldo de gente humilde está implantado em todo o Portugal, mas é a norte que teve o seu nascimento.

Leve ao lume uma panela com 2 l de água, 1 dl de azeite, a batata descascada e cortada em quartos e o chouriço.

Deixe cozer até a batata ficar desfeita; retire então o chouriço e corte-o em rodelas.

Passe a sopa pela varinha mágica, junte as couves-galegas e leve a ferver até cozerem.

No momento de servir, coloque em cada taça 1 rodela de chouriça (tora) e 1 fio de azeite.

Em algumas zonas, perto de Amarante, é frequente juntar algumas folhas de hortelã no momento de servir.

Acompanhe com broa de milho.

Francesinha

Daniel David da Silva era um jovem que um dia rumou a Paris. Seu tio era *chef* no hotel Bernard, em plenos Campos Elísios, estávamos no ano de 1952.

Nos anos 1950 aparecem as minissaias, as parisienses sobem as saias mostrando mais um pouco das pernas… às vezes até meio palmo acima do joelho.

Daniel David da Silva passava os dias em Paris fazendo passeios de autocarro e de metro, encantando-se com as francesas na sua moda recém-criada.

O tio manda-o regressar à pátria e ele vai trabalhar para o restaurante Regaleira. Ali, fruto do que tinha visto em Paris, cria um novo *croque monsieur*, adicionando-lhe salsicha fresca, lombo de porco assado, fiambre e, tal como na receita francesa, o queijo por cima, derretido naquele pão de carcaça; que no Porto se chama molete, nome dado por ser o pão favorito de um tal Mullet, intendente francês durante a ocupação napoleónica da cidade.

Mas não foi por isso que Daniel passou a chamar francesinhas ao que tinha criado e o nome também não foi inspirado no molete, nem na estadia em Paris… Quando um dia criou um molho feito a partir de uma receita que só ele sabia, bem quente e bem picante, e lhe perguntaram qual era o motivo para dar tal nome à sanduíche respondeu: «Porque as francesas são as mulheres mais quentes que conheci.»

A francesinha era, e é, comida noite fora; é boémia e bairrista.

Atraentes, as sanduíches fazem furor em muitas partes do mundo e são obrigatórias quando visitamos certas cidades. Exemplo disso são as suculentas *Roujimao* da China, a *Smorrebrod* da Dinamarca, a espetacular *Kati Roll* indiana, o *Pan Bagnat* tão francês, o *Gelato Sandwich*, deliciosamente fresco e atrativo, em Itália, a sanduiche de fusão americana e mexicana *Taco Indian*, a *Chip Butty*, que já foi embrulhada em papel de jornal, e aquela que é um mito para mim, uma lição de antropologia: a *Cemita*, que se come no México mais profundo.

Entre as dez melhores sanduíches do mundo, a francesinha é no Porto uma instituição!

INGREDIENTES
(1 pessoa)

3 fatias de pão de forma
4 fatias de fiambre bem finas
60 g de bife do lombo bem batido e temperado
15 g de manteiga
1 salsicha fresca de porco
3 fatias de queijo flamengo

Para o molho:
0,5 dl de óleo
1 kg de ossos de vaca
2 cebolas médias
1 cenoura
2 dentes de alho esmagados
3 tomates maduros
1 colher de sopa de farinha
1 pacote de caldo de marisco (ou 1 l de creme de marisco)
Molho inglês
1 colher de sopa de mostarda
Piripíri
5 cl de brandy
5 cl de Vinho do Porto

Comece por fritar o bife na manteiga. De seguida, frite a salsicha fresca e corte-a em três no sentido do comprimento.

Disponha as fatias de pão de forma e coloque o fiambre. Numa fatia coloque o bife, cobrindo-a com a outra fatia de pão com o fiambre e a salsicha fresca. Termine com a última fatia de pão e cubra tudo com o queijo flamengo.

Leve ao forno até derreter o queijo. Cubra com o molho picante.

Para preparar o molho (2 l)

Numa caçarola com 0,5 dl de óleo, coloque 1 kg de ossos de vaca e deixe-os alourar.

Junte então 2 cebolas médias, cortadas em rodelas finas, 2 dentes de alho esmagados, 1 cenoura cortada às rodelas e deixe ganhar cor. Junte 3 tomates frescos, 1 colher de sopa de concentrado de tomate, 1 colher de sopa de farinha de trigo e 2 l de água.

Deixe ferver por 2 horas em lume brando e adicione um pacote de caldo de marisco dissolvido num pouco de água. Deixe ferver novamente e tempere, por fim, com molho inglês, 1 colher de sopa de mostarda, piripíri, 1 cálice de *brandy* e um de Vinho do Porto. Deixe ferver mais um pouco e passe tudo por um passador.

Retifique os temperos e sirva-o bem quente sobre a francesinha.

Bola de carne de domingo

INGREDIENTES
(6 pessoas)

200 g de toucinho gordo
200 g de presunto
200 g de salpicão
200 g de chouriço de carne
500 g de farinha
40 g de fermento de padeiro
100 g de manteiga
1 dl de azeite
3 ovos
1 dl de leite
Sal q.b.

Era, e ainda é, daquelas delícias de domingo à tarde, quando, depois de um opíparo almoço de domingo, cumpridas as obrigações religiosas da missa dominical, as conversas se prolongam pela tarde e, ao final, em vez do jantar, é servido um lanche ajantarado onde não falta uma bola de carne quentinha…

Desfaça o fermento num pouco de água e sal e junte-lhe a farinha, os ovos, o azeite e o leite. Amasse tudo muito bem e deixe descansar por 1 hora.

Em seguida, estenda metade da massa, coloque-a num tabuleiro, disponha as carnes partidas finamente e cubra-as com o resto da massa.

Deixe descansar mais 1 hora e leve ao forno a 200 graus, por cerca de 40 minutos.

Perdizes de escabeche

INGREDIENTES
(4 pessoas)

2 perdizes limpas
2 dentes de alho
2 folhas de louro
1 ramo de salsa
Sal marinho
12 grãos de pimenta preta
1 talo de aipo
Meia cenoura

Para o escabeche:
2 dl de azeite
2 cebolas grandes
1 pimento verde
3 cenouras em juliana
4 colheres de sopa de bom vinagre de vinho

O escabeche sempre foi uma forma de conservação de peixes, carnes e legumes. O travo do vinagre e a untuosidade do preparado conferem-lhe um sabor guloso e ativam os aromas que enaltecem, neste caso, as perdizes.

Prato muito apreciado nas casas do burgo, onde se come durante o inverno na maior parte das vezes como entrada ou petisco.

Leve as perdizes a cozer em água temperada com sal, folha de louro, grãos de pimenta preta, 2 dentes de alho esmagados, meia cenoura, 1 talo de aipo e 1 ramo de salsa.

Depois de cozidas, escorra-as e deixe-as esfriar. Desfie-as finamente e reserve.

Corte as cebolas em meias-luas muito finas, leve-as a um tacho com azeite, alho cortado em lâminas e deixe-as alourar um pouco. Adicione a cenoura, o pimento e a cenoura em juliana. Deixe cozinhar durante cerca de 5 minutos em lume brando e verta o vinagre. Deixe levantar fervura e retire do lume. Tempere com sal e pimenta preta moída.

Coloque as perdizes numa taça e regue-as com o escabeche ainda quente, envolva tudo muito bem e sirva quente ou frio.

Iscas de bacalhau à moda da Ribeira

INGREDIENTES

(4 pessoas)

300 g de bacalhau lascado em cru
400 g de farinha
4 ovos
40 g de salsa picada
100 g de cebola picada
0,5 dl de azeite
2 dentes de alho
4 dl de óleo
5 dl de água

Existe um tasco na ribeira, a Casa das Iscas, onde se comem, para mim, as melhores da cidade. São fritas mesmo «à nossa beira», sentimos o seu cheiro intenso e quando chegam à mesa — estaladiças, bem recheadas e acolitadas com um copo de vinho branco — tudo é um hino! Distingue-se bem o aroma do bacalhau e da massa bem cozida, salpicada com salsa fresca, e não podem faltar as azeitonas e a broa de milho…

Desfaça a farinha e os ovos em 5 dl de água; junte a salsa picada.

Leve ao lume numa sertã o azeite com o alho picado e a cebola, deixando cozer sem ganhar cor. Junte ao polme já preparado.

Coloque uma sertã grande ao lume com óleo, deixe aquecer bem e junte uma concha de sopa de massa. Disponha, então, algumas lascas de bacalhau e enrole com a ajuda de uma espátula. Deixe fritar bem e ganhar uma cor bem dourada.

Coloque sobre papel absorvente e repita até acabar a massa e o bacalhau. Sirva-as quentes.

Empadas de coelho

INGREDIENTES
(4 pessoas)

Para a massa:
0,5 dl de azeite
2,5 dl de água quente
2 ovos
400 g de farinha
Sal q.b.

Para o recheio:
1 coelho
200 g de cebola
2 cenouras
1 dl de vinho branco
2 folhas de louro
30 g de salsa
2 dentes de alho
Azeite

Uma entrada que, acompanhada com um arroz de legumes, vira refeição. O coelho é desde sempre uma carne muito apreciada e consumida nas casas portuenses. Assado e guisado é uma referência presente em inúmeros cadernos caseiros, onde as receitas se vão multiplicando, sempre suculentas e tão apetecíveis.

Amasse todos os ingredientes para a massa e estenda-a com um rolo. Deixe-a descansar um pouco e forre as formas das empadas.

Leve ao lume uma caçarola com o azeite, o alho e a cebola picada, a cenoura cortada em cubos, as folhas de louro e a salsa e deixe refogar e ganhar cor. Junte, então, o coelho cortado e deixe estufar um pouco mais. Refresque com o vinho branco e acabe de cozer em lume brando.

Deixe arrefecer e desfie o coelho. Passe o molho pelo passador e engrosse o caldo com um pouco de farinha. Junte o coelho e recheie a forma forrada.

Cubra as formas com um quadrado de massa, pincele com ovo e leve a cozer ao forno a 200 graus durante 30 minutos.

Bola de sardinhas

INGREDIENTES
(6 pessoas)

Para a massa:

1 kg de farinha de trigo
60 g de fermento de padeiro
2 dl de azeite
6 ovos Inteiros
1 colher de chá de sal
Água q.b.

Para o recheio:

24 sardinhas frescas
2 pimentos
2 cebolas
2 dentes de alho
1 dl de azeite
1 folha de louro
Sal e pimenta q.b.

Seja de sardinhas seja de atum, esta bola é sempre um ótimo petisco para uma ceia ou para um lanche numa tarde de verão, acompanhada por um vinho verde branco bem fresco.

No Porto, a bebida da região dos vinhos verdes sempre teve grandes fãs, que sabem que a frescura e elegância destes vinhos os tornam a melhor opção para acompanhar muitas das receitas que nesta urbe se servem.

Para preparar a massa

Coloque a farinha sobre a mesa, fazendo uma fonte. No centro, amasse o fermento com um pouco de água morna, onde desfez o sal, junte um pouco da farinha, faça uma bola e deixe levedar por 1 hora.

Adicione os ovos, o azeite morno e amasse bem com o fermento lêvedo. Junte mais água, incorporando a restante farinha.

Amasse tudo, sove bem a massa, faça uma bola e, com uma faca, desenhe uma cruz no topo. Cubra com um pano e deixe levedar 3 horas em ambiente aquecido.

Estenda a massa, dividindo-a em 2 retângulos. Cubra uma das metades com o recheio e tape com o outro. Dobre bem as pontas, pincele com ovo e deixe repousar assim mais 1 hora. Leve ao forno a 200 graus nos primeiros 10 minutos, reduzindo depois para 150 graus, deixando acabar de cozer durante cerca de 25 minutos.

Para preparar o recheio

Amanhe as sardinhas e retire os filetes, removendo com cuidado todas as espinhas.

Leve ao lume um tacho com o azeite e, quando este estiver quente, junte os alhos picados e, de seguida, a cebola cortada em rodelas muito finas. Tempere com sal e pimenta e deixe alourar ligeiramente. Junte os pimentos cortados em tiras finas, a folha de louro e deixe cozer um pouco. Junte os filetes de sardinha, abafe e deixe cozer por 2 minutos. Retire a folha de louro, o excesso de molho e com uma escumadeira coloque os filetes das sardinhas com a cebolada e os pimentos sobre a massa.

Bolinhos de bacalhau

INGREDIENTES
(6 pessoas)

500 g de bacalhau demolhado
400 g de batatas
1 cebola picada
2 dentes de alho picados
1 colher de sopa de salsa picada
3 ovos
Sal
Pimenta
Azeite para fritar

Mais a sul, há quem lhes chame pastéis de bacalhau, mas no Porto são bolinhos… formados em bolinhas ou com a ajuda de duas colheres de sobremesa ou de sopa. Crocantes, bem dourados, com as proporções certas de bacalhau e batata, fritos em azeite, são servidos muitas vezes com uma salada de feijão frade no verão e, de inverno, com um arroz de tomate, ou então como petisco.

Coza as batatas com a casca, descasque-as e reduza-as a puré. Coza o bacalhau, escorra-o, limpe-o de pele e de espinhas e esfregue-o num pano grosso, até ficar completamente desfeito em fios. Junte o bacalhau ao puré de batata.

Numa frigideira, core a cebola e o alho com um pouco de azeite, adicione-os à mistura de puré e bacalhau, envolva tudo muito bem juntamente com a salsa picada e as gemas de ovo.

Bata as claras em castelo e envolva tudo muito bem.

Molde os pastéis com duas colheres ou na mão, com a ajuda de um pouco de farinha. Frite-os em azeite abundante e bem quente.

Sopa seca

INGREDIENTES
(6 pessoas)

200 g de toucinho entremeado
100 g de presunto
100 g de salpicão
100 g de chouriço
400 g de carne magra de porco da barriga
1 orelha de porco
400 g de entrecosto de porco
1 couve-sabóia (tronchuda)
1 kg de sal grosso
2 pães de ovelhinha

É daqueles pratos que nos remetem para o receituário quinhentista português. Encontramos uma receita próxima desta no livro de receitas da Infanta Dona Maria, que a nomeia sucessora da Olha Podrida, prato bem consistente e de alto conteúdo, usado em festas familiares, mais pelos arredores do Porto em casas de lavradores, uma vez que se mantém quente por mais tempo, por ser terminado no forno e assim aguentar os compassos de espera.

De véspera, salgue as carnes frescas de porco. No dia da preparação, lave-as muito bem e deixe-as repousar em água durante 1 hora para tirar o excesso de sal.

Leve ao lume as carnes e os enchidos. Quando estiverem cozidas, retire as carnes e coza a couve na mesma água.

Retire os ossos ao entrecosto e parta as carnes em pedaços pequenos.

Numa terrina de ir ao forno, disponha uma camada de pão de ovelhinha cortado em fatias com 2 cm de espessura, uma camada de carnes, uma de couve e repita esta sequência, sendo a última camada de pão.

Regue com o caldo temperado com um pouco de pimenta, ensopando tudo. Por fim, leve ao forno e deixe secar durante 10 minutos a 180 graus, deixando a camada superior bem tostadinha.

Salão Árabe, Palácio da Bolsa ▶

Peixe

Bacalhau à João do Porto

INGREDIENTES
(4 pessoas)

4 lombos de bacalhau demolhado
4 ovos cozidos
8 batatas médias cozidas com a pele
2 cebolas cortadas às rodelas finas
2 dentes de alho
50 g de salsa picada
3 dl de azeite

Talvez seja a receita mais simples de bacalhau, no entanto, é das mais saborosas, pois toda a sua essência está relacionada com o produto em si: as batatas têm de ser boas, o azeite excelente, as azeitonas suculentas, os ovos frescos… Tanta simplicidade, mas tanto sabor e sabedoria!

Grelhe o bacalhau, embrulhe-o num pano húmido e reserve.
Pele as batatas ainda mornas e corte-as às rodelas grossas; corte os ovos em rodelas e junte-os às batatas numa travessa funda.
Leve ao lume o azeite com o alho esmagado, junte-lhe a cebola e retire do lume.
Coloque o bacalhau sobre as batatas e regue com o azeite bem quente. Salpique com salsa picada.

Robalo no forno com batatinhas e esparregado

INGREDIENTES
(6 pessoas)

1 robalo de 2 kg
2 cebolas
12 colheres de sopa de azeite
Sal q.b.
800 g de batatas
Sumo de 1 limão
Pimenta branca moída no momento

Vindo de Matosinhos ou da Afurada, sempre se comeu muito peixe neste burgo, sendo no Porto uma marca da ligação entre a cidade, o mar e o rio.

Num tabuleiro de ir ao forno, coloque uma camada de cebola, por cima disponha o robalo amanhado, tempere com sal, pimenta, sumo de limão e regue com azeite.

Coza as batatas durante 10 minutos com água e sal.

À volta do robalo, coloque as batatas pequenas pré-cozidas. Leve ao forno à temperatura de 180 graus durante 20 minutos.

Para acompanhar…

Esparregado de grelos

INGREDIENTES

2 kg de grelos de nabo
3 dentes de alho esmagados
12 colheres de sopa de azeite
3 colheres de sopa de farinha de trigo
Sal
Pimenta branca moída no momento
1 colher de sopa de vinagre de vinho

A primeira receita de esparregado de grelos de que encontrei referência encontra-se no livro de receitas do Senhor Visconde de Vilarinho de São Romão (século XIX). Desde sempre usado como acompanhamento para carnes e peixes, também era muitas vezes chamado «ervas». O autor quando deu ao prelo o seu livro de receitas usou um pseudónimo, pois não ficava bem um nobre assinar um livro de culinária.

Depois de bem lavados e escolhidos, coza os grelos em água abundante, temperada com sal. Quando estiverem cozidos, depois de frios, escorra-os bem e esmague-os, para retirar todo o excesso de água.

Numa tábua de corte, pique bem os grelos e reserve.

Leve ao lume o azeite com os dentes de alho. Quando estiverem alourados retire-os, junte a farinha e deixe-a cozer um pouco no azeite. Adicione os grelos picados, envolva tudo muito bem e tempere com vinagre, sal e pimenta.

Bacalhau à Zé do Pipo

INGREDIENTES
(4 pessoas)

4 lombos de bacalhau
2 dl de leite
2 folhas de louro
2 dl de azeite
200 g de cebola
Sal e pimenta preta q.b.
2 dl de maionese
100 g de picles
Alho

Para o puré:
1 kg de batatas
100 g de manteiga
2 dl de leite
Noz-moscada q.b.
Sal q.b.

O Zé do Pipo era proprietário de uma casa de pasto que celebrizou esta receita. A maionese parece aqui deslocada, pois associamo-la sempre a tempos mais modernos, mas este prato tem no Porto uma longa história.

Um registo na Feitoria Inglesa, aquando da visita de S. M. o Rei Dom Pedro V em 1865, dá-nos conta da compra de cinco litros de maionese, encomendados ao Hotel Frankfurt, com a recomendação de que fosse transportada à noite… por causa do frio.

Depois de descascadas, corte as batatas ao meio e leve-as a cozer em água abundante, com sal.

Quando estiverem cozidas, escorra-as e passe-as pelo *passe-vite*. Coloque o puré de novo na panela e junte-lhe a noz-moscada moída, a manteiga e o leite. Mexa bem, retire do lume e retifique o tempero.

Depois de demolhado e cortado o bacalhau em lombos, coloque-os num tabuleiro com as 2 folhas de louro. Verta sobre o bacalhau o leite a ferver, de forma a que fique coberto, tape com folha de papel-filme aderente e deixe a escalfar durante 15 minutos.

Leve ao lume uma caçarola com o azeite e quando estiver quente junte o alho picado e, logo de seguida, a cebola cortada em meias-luas; deixe cozer um pouco sem ganhar cor e tempere com sal e pimenta preta.

Disponha o bacalhau já escalfado, sem espinhas nem pele, sobre a cebola num tabuleiro de ir ao forno. Cubra-o com a maionese e, em volta, com um saco de pasteleiro, coloque o puré de batata que deve estar fofo e aveludado.

Leve ao forno durante 15 minutos a 200 graus até ficar corado. No momento de servir, coloque os picles picados ou, se preferir, sirva-os à parte.

Filetes de pescada com arroz de camarão

INGREDIENTES
(4 pessoas)

12 filetes de pescada
2 dentes de alho
1 folha de loureiro
Sumo de 1 limão
Sal grosso
Pimenta branca moída no momento
Farinha de trigo
2 ovos
Azeite para fritar

INGREDIENTES

400 g de camarão
280 g de arroz carolino
1 cebola picada
1 folha de loureiro
4 colheres de sopa de azeite
Pimenta preta moída no momento
Sal
1 colher de sopa de salsa picada
Alho

Os filetes de pescada eram no Porto, e ainda são, um prato de eleição, servido com arroz de tomate, de feijão ou com arroz de camarão nos dias mais festivos. Os filetes de pescada daquelas pescadas poveiras, com mais de quatro quilos, são um regalo para o palato.

Tempere os filetes de pescada com sal, pimenta branca moída e sumo de limão.

Bata os ovos. Passe os filetes de pescada por ovo e de seguida por farinha. Frite-os em azeite abundante quente, vire-os para que fiquem bem fritos, escorra-os e coloque-os sobre papel absorvente.

Para acompanhar...

Arroz de Camarão

Coza os camarões em água temperada com sal. Depois de cozidos, descasque-os e reserve a água da cozedura.

Num tacho, leve ao lume o azeite, alho picado, a cebola picada, a folha de loureiro e deixe alourar; junte o arroz para que frite um pouco na gordura. Acrescente três vezes o volume do arroz de água da cozedura do camarão. Retifique os temperos e polvilhe com pimenta preta.

Deixe cozinhar o arroz por cerca de 14 minutos, junte os camarões cozidos, cortados ao meio, e deixe acabar a cozedura do arroz.

Salpique com salsa picada no momento de servir.

Costeletas de sardinhas com arroz de feijão

INGREDIENTES

(4 pessoas)

12 sardinhas frescas
2 limões médios
Sal e pimenta q.b.
150 g de pão ralado
150 g de farinha
3 ovos
4 dl de óleo

No Porto, as sardinhas também se comem assadas na brasa, fritas quando pequeninas e passadas por farinha *milha*, mas em costeletas, libertas da espinha central, são um petisco consumido em muitos lares quando abundam, sobretudo entre junho, quando a sardinha já pinga no pão, e setembro, o melhor mês para este peixe.

Amanhe as sardinhas, retirando bem as escamas e corte-lhes a cabeça. Abra-as pela barriga e, com a ajuda de uma faca, retire a espinha central e as laterais, deixando o rabo preso pela espinha do lombo. Tempere com sal e pimenta, adicione o sumo dos limões e deixe marinar cerca de 30 minutos.

Em seguida passe as sardinhas por farinha, ovo e pão ralado e leve a fritar em óleo bem quente. Coloque-as em papel absorvente e sirva-as frias ou quentes.

Para acompanhar...

Arroz de feijão vermelho

INGREDIENTES

200 g de feijão vermelho
1 cebola picada
1 dente de alho picado
50 g de chouriço de carne
280 g de arroz carolino

É aquele arroz que no Porto vai com tudo, com uns panados de porco, com uns filetes de peixe, carapauzinho ou sardinha pequena frita, com iscas de bacalhau… No tempo dos grelos, lá se encontram os dois no mesmo tacho.

Ponha o feijão vermelho de molho em água fria, de um dia para o outro. No dia seguinte, escorra a água e leve-o ao lume a cozer em água abundante sem sal. Depois de cozido, retire-o do lume e reserve-o dentro da água da cozedura.

Leve ao lume o azeite com o alho e a cebola picados, deixe alourar e coloque o pedaço de chouriço. Deixe refogar um pouco, acrescente o feijão vermelho e a água da cozedura do mesmo e tempere com sal e pimenta.

Adicione o arroz e deixe cozinhar lentamente, mexendo de tempos a tempos, durante cerca de 18 minutos. Retire o chouriço e sirva o arroz.

Pode colocar o chouriço em rodelas por cima do arroz no momento de servir.

Bacalhau à Gomes de Sá

INGREDIENTES
(6 pessoas)

1 kg de lombos de bacalhau demolhado
1 kg de batatas cozidas com a pele
2 dl de azeite
2 dentes de alho
0,5 l de leite + 1 l de água
300 g de cebolas
4 dentes de alho
100 g de azeitonas
4 ovos cozidos
50 g de salsa picada

Nasceu no Porto, na Ribeira e a sua casa ainda sobrevive ao tempo, assim como a receita que faz parte integrante da gastronomia portuense.

Aqui fica a receita original enviada pelo próprio a um João que residia no Brasil:

Pega-se no bacalhau demolhado e deita-se numa caçarola. Depois cobre-se com água a ferver e, depois de tapar a caçarola, abafa-se a referida caçarola com uma bata grossa ou um pedaço de cobertor e deixa-se então assim, sem ferver durante 20 minutos. A seguir, ao bacalhau que está na caçarola e que devem ser 2 quilos pesados em cru tiram-se-lhe todas as peles e espinhas e faz-se em pequenas lascas, e põe-se em prato fundo, cobrindo-se com leite quente, deixando-o em infusão durante uma hora e meia a duas horas. Depois, em uma travessa de ir ao forno, deita-se três decilitros de azeite fino do mais fino (isto é essencial), 4 dentes de alho e 8 cebolas alourar. Ter já dois quilos de batatas (cortadas à parte com casca) às quais se lhes tira a pele e se cortam às rodelas da grossura de um centímetro e bota-se as batatas mais as lascas do bacalhau que se retiram do leite. Põe-se então a travessa no forno, deixando ferver tudo por 10/15 minutos. Serve-se na mesma travessa com azeitonas grandes e pretas, muito boas e mais um ramo de salsa muito picada e rodelas de ovo cozido. Deve-se servir bem quente, muito quente.

P.S.: João, se alterar qualquer coisa já não fica capaz.

Pele as batatas e corte-as em meias-luas. Coloque o bacalhau num tabuleiro e cubra com o leite e água a ferver; abafe com película aderente e deixe assim durante 15 minutos.

Lasque o bacalhau com cuidado, guardando as lascas grandes.

Leve ao lume o azeite, junte o alho picado e as cebolas em meias-luas finas e deixe alourar. Junte as batatas, as lascas do bacalhau e as rodelas de ovo cozido; mexa com cuidado e coloque numa travessa funda.

Salpique com a salsa e as azeitonas sem caroço.

Polvo assado no forno com batatinhas novas

INGREDIENTES
(4 pessoas)

1 polvo com mais de 3 kg
2 cebolas
Salsa
2 dentes de alho
12 colheres de sopa de azeite
1 colher de café de colorau
600 g de batatas novas pequenas cozidas com a pele
1 folha de louro
Sal e pimenta preta q.b.

O polvo assado no forno é uma tradição em muitas casas portuenses, uma variante ao arroz de polvo e aos filetes do mesmo. Não sei de qual gosto mais, mas tenho a certeza de que ambas as receitas encontram nas gentes da cidade grande apreço. Num trabalho feito pela Câmara Municipal do Porto, numa recolha de receituário em centros de dia, muitas foram as receitas que os mais velhos recordavam como fazendo parte da sua dieta tradicional. Esta é uma delas…

Leve ao lume uma panela com água a ferver com 1 folha de louro e 1 cebola. Quando a água estiver a ferver, coloque o polvo descongelado e deixe-o cozinhar. Espete o garfo para verificar se está cozido… Não existem truques…

Leve ao lume um tacho com o azeite, a cebola em gomos finos, os alhos laminados, a folha de louro, o pimentão, tempere com sal e pimenta preta moída no momento e deixe refogar um pouco.

Depois de cozido, retire o polvo e deixe-o arrefecer um pouco e corte os tentáculos, podendo reservar as partes mais finas para um arroz.

Envolva o polvo no refogado da cebola e azeite, coloque num tabuleiro com as batatas cozidas peladas, envolva tudo bem e leve ao forno à temperatura de 200 graus durante 20 minutos. Polvilhe com salsa picada.

Bacalhau recheado com presunto

INGREDIENTES
(4 pessoas)

4 lombos de bacalhau demolhado
100 g de azeitonas sem caroço
200 g de cebola cortada às meias-luas finas
3 dentes de alho
1 colher de sopa de colorau
6 dl de azeite
Farinha de trigo q.b.
800 g de batatas cozidas com pele

Comi-o várias vezes cozinhado pela melhor cozinheira que já conheci, Adozinda Gonçalves, chefe do ano em 1993, cozinheira de mão cheia, líder como poucos, que me acompanhou na cozinha durante 30 anos. Esta receita faz parte do receituário de família de alguém para quem a cozinha foi sempre a sua vida.

Leve ao lume uma caçarola com 1 dl de azeite, os dentes de alho picados, a cebola cortada às meias-luas e as azeitonas; tempere com sal e pimenta, deixe ferver um pouco e retire do lume.

Abra as postas de bacalhau ao meio e recheie com o preparado anterior; amarre as postas com um fio para que o recheio não saia, passe por farinha e frite em 3 dl de azeite.

Depois de fritas, corte o fio com a ajuda de uma tesoura.

Pele as batatas ainda quentes e corte-as em rodelas grossas. Coloque-as numa travessa funda e, por cima, disponha as postas de bacalhau.

Leve ao lume 2 dl de azeite e, em quente, junte o colorau, não deixando ferver.

Deite sobre o bacalhau e sirva quente.

Casa do Infante

Carnes

Tripas à moda do Porto

Uma receita com história

No Porto basta dizer «Tripas». Acresce o «à moda do Porto». Uma palangana delas matara o Bispo de Compostela, o gordo e venerável Hermenegildo. Do facto verídico, «mata» Herculano, com elas, no *Bobo,* no ontem do dia um de Portugal, o bom Frei Hilartão, prior de Guimarães.

Estão na literatura, na história, na arte, nos jornais. Álvaro de Campos, chamando-lhes «Dobrada à moda do Porto» trouxe-as para a filosofia, conjugadas com «o amor (servido) como dobrada fria». Ora «[...] a dobrada [à moda do Porto] nunca se come fria». Na *Volúpia,* Albino Forjaz de Sampaio classifica-as como rivais das *Tripas à moda de Caen.* Por mim, julgo-as, pelo menos, com igual qualidade, e o mesmo digo em relação aos *Tripaux de Rouergue* e às afamadas *Tripes Lyonayses,* consagradas como *Tablier de Sapeur,* melhores, por menos picantes, que os *Callos a la Madrileña.*

A crer-se na mais antiga versão da história oral, passada à página por «historiadores» e romancistas, serão coevas da alvorada nacional, quando se armava a frota dos Cruzados que o Bispo do Porto convencera a ajudar o rei primeiro na conquista de Lisboa. Daqui as data Garrett no *Arco de Santana.*

Fazem-nas outros cozinhar pela primeira vez na manhã das Descobertas: sobras do abastecimento da Armada do Senhor Infante, à conquista de Ceuta.

Terceira versão só as põe ao lume dos famintos sitiados do Porto, em 1832.

Apoiado em Camilo, recorrendo às *Novelas do Minho* e ao excelente Basílio Fernandes Enxertado, julgo ter desmontado esta insustentável «tese». Ficam, pois, para fazer história as duas primeiras. São idênticas no como e no porquê: teria, em 1147, o Bispo D. Pedro obrigado o Povo, ou o Infante convencido, em 1415, os Homens Bons da Invicta, ou terem-se estes comprometido livremente a abastecerem de carne as embarcações da conquista. Cumpriram as gentes do Porto à risca a ordem, pedido ou vontade própria. Os barcos demandaram o destino, abastecidos da carniça dos bois imolados ao amanhã da Pátria. No «Burgo amuralhado» sobraram as «tripas». O demais foi engenho do Povo, que, com orgulho, se assume tripeiro.

Nasceram as Tripas, então ou já no antes – Deus o sabe! – enriquecidas, na abundância, com feijão e demais que é dado. Definiram-se no correr dos tempos, afinadas pelo «Génio coletivo», raiz do prato nacional, o qual é «como o *Romanceiro*» – como sustentou Fialho: não tem certidão de nascimento. Ignora quando e de quem nasceu – é de todos e de ninguém.

É do século XII ou do século XVI, pois, este prato com história. Mais por intuição e sentimentalismo que razão documental, julgo-as de Quatrocentos. Quiçá nem dum nem doutro, e seja a lenda que virou história.

GONÇALO DOS REIS TORGAL

Ao meu querido e saudoso amigo, deixo aqui a minha sentida homenagem.

INGREDIENTES
(4 pessoas)

400 g de feijão manteiga demolhado
500 g de dobrada de vitela (sola e folhada)
1 chispe de porco
1/2 de uma mão de vitela
200 g de presunto gordo
200 g de salpicão do Douro
1/2 galinha gorda
1 chouriça de carne
2 folhas de louro
3 dentes de alho
200 g de cebola
Sal e pimenta q.b.
1 cenoura média
1 dl de azeite
1 colher de sopa de banha de porco
1 colher de chá rasa de colorau
2 cabeças de cravinho-da-índia
1 colher de sobremesa rasa de cominhos em pó

Tem esta cidade a Confraria das Tripas à Moda do Porto, que, desde 2001, promove este prato e os seus valores adjacentes.

Depois de muito bem lavada a dobrada, esfregue-a com sal grosso e coloque-a durante 1 hora de molho em vinagre, água e limão cortado e espremido. Lave de novo em várias águas e coloque-a numa panela com água e deixe ferver durante 1 hora.

Retire então essa água e coloque a galinha e a mão de vitela juntamente com as tripas e leve de novo a cozer até a galinha estar cozida e retire-a, deixando acabar de cozer as tripas e a mão de vitela.

Coza o feijão e, à parte, o chispe de porco.

Leve ao lume o azeite, a banha de porco e junte os alhos picados e a cebola picada, deixando alourar ligeiramente. Junte então a cenoura cortada às rodelas, o presunto em cubos, a chouriça em rodelas e o salpicão em meias-luas. Deixe estufar um pouco e adicione as tripas cortadas e já bem cozidas, o chispe e a mão de vitela cortados em pedaços; deixe estufar mais um bocado e junte então um pouco da água da cozedura das tripas e das outras carnes.

Tempere com sal, pimenta preta e branca, os cravinhos-da-índia e o colorau e deixe estufar mais um pouco.

Por fim, junte o feijão cozido com um pouco da água da cozedura das carnes e deixe apurar, mexendo com regularidade e em lume brando. O caldo deve ficar espesso e untuoso devido à cozedura da mão de vitela e da gelatina que deixa na água.

Desfie a galinha e, no momento de servir, deite os cominhos em pó nas tripas e coloque a galinha desfiada sobre estas. Sirva este prato bem quente acompanhado de arroz branco.

Cabrito do São João

INGREDIENTES
(8 pessoas)

1 cabrito com o máximo de 5 kg
200 g de toucinho fresco
200 g de presunto
100 g de salpicão
Sal e pimenta q.b.
150 g de banha de porco
400 g de cebolas
150 g de salsa
20 g de colorau
4 folhas de louro
2 colheres de sopa de colorau
6 paus de louro
600 g de arroz
4 alhos esmagados

Ainda nos anos 1970 se viam alguns pastores que chegavam à cidade do Porto com rebanhos de cabritos e cordeiros. Recordo-me de os ver matar nas traseiras da casa da minha querida avó na zona da Constituição, pelas festas do São João.

Eram vendidos vivos e mortos no próprio local; o cheiro da carne fresca e o abate lembravam-me os sacrifícios judeus, feitos não por sacerdotes, mas por pastores que desapareciam como tinham chegado nas madrugadas orvalhadas de junho.

Faça um caldo com 4 l de água, o presunto, o salpicão, o toucinho, a cabeça, as pontas das patas do cabrito e 200 g de cebola. Deixe ferver durante 2 horas em lume brando temperado com sal e pimenta.

Num alguidar de bordas altas, coloque o arroz e regue com o caldo a ferver (o dobro da quantidade do arroz).

Unte o cabrito com uma pasta feita com a banha, os alhos esmagados, a cebola e salsa picadas, pimenta, sal e colorau.

Por cima do alguidar coloque os paus de louro em forma de cruz, atados com um arame, em cima do cabrito, amarrado de patas dobradas e bem atadas.

Leve ao forno aquecido a 250 graus nos primeiros 10 minutos, baixando em seguida para 180 graus, e deixe assar durante 1 hora. A meio da cozedura, vire o cabrito para que aloure no seu todo.

No momento de servir acompanhe com grelos salteados.

Perdizes em Vinho do Porto

INGREDIENTES
(4 pessoas)

4 perdizes
2 dl de azeite
2 folhas de louro
2 dentes de alho
40 g de salsa picada
200 g de toucinho entremeado fresco passado na máquina
100 g de azeitonas pretas sem caroço
100 g de salpicão cortado em cubinhos
1 dl de Vinho do Porto
1 dl de aguardente velha
1 dl de vinho tinto
3 cravinhos-da-índia
200 g de pão de mistura
400 g de castanhas cozidas
800 g de grelos cozidos
2 cebolas
Sal e pimenta preta q.b.

Vêm de Trás-os-Montes e Alto-Douro para serem afogadas no Porto em Vinho do Porto, servidas com parcimónia em jantares longos com conversas quentes em noites frias.

Abra as perdizes pelas costas e retire-lhes os ossos. Tempere com sal e pimenta preta, recheie com o toucinho passado pela máquina de moer carne, as azeitonas, os cubinhos do salpicão e a salsa picada. Ate-os com fio do norte e core-os em óleo bem quente ou banha de porco.

Leve ao lume 1 dl de azeite, 2 cebolas cortadas em rodelas, 2 dentes de alho, 2 folhas de louro, 3 cravinhos-da-índia e deixe ganhar cor. Junte as perdizes e refresque com 1 cálice de Vinho do Porto, 1 de aguardente velha e 1 dl de vinho tinto.

Abafe e deixe estufar durante 1 hora em lume brando.

Coloque as fatias de pão torradas num prato fundo e, por cima, as perdizes; guarneça com as castanhas salteadas em manteiga e salpicadas com salsa picada. Acompanhe com grelos salteados em azeite e alho.

Arroz de forno à antiga

INGREDIENTES
(6 pessoas)

500 g de carne de vaca
200 g de presunto
300 g de frango
400 g de arroz carolino do Mondego
100 g de chouriço de carne
100 g de salpicão
100 g de cebola
Salsa
Sal
Pimenta

Receita encontrada num dos velhos cadernos das tias velhas, que eram excelentes donas de casa e sabiam como dar de comer a muita gente com pouco. É daquelas receitas de forno que demoram tempo a fazer, mas com um resultado final maravilhoso. Para além disso, o tempo de espera dos convidados não faz estragar a iguaria.

Leve ao lume uma panela com água. Adicione a cebola às rodelas e a salsa. Junte o salpicão, o chouriço de carne, o presunto, a carne de vaca cortada aos pedaços e o frango. Tempere com sal e pimenta. Deixe cozer tudo durante 1 hora.

Coe o caldo e deite numa panela ao lume. Adicione o arroz e deixe cozer durante 15 minutos.

Num tacho de barro ou num pirex coloque as carnes desfiadas e o arroz. Decore com rodelas de chouriço e leve ao forno, que deve estar aquecido à temperatura de 180 graus, até alourar o arroz, durante 10 minutos.

Mão de vitela de fricassé

INGREDIENTES

(4 pessoas)

2 mãos de vitela
6 grãos de pimenta preta
1 folha de loureiro
1 cenoura pequena
1 colher de chá de sal grosso
4 colheres de sopa de azeite
1 cebola média picada
2 dentes de alho
Pimenta branca moída no momento
2 colher de sopa de salsa picada
3 gemas de ovo
Sumo de 2 limões
Tostas de pão

Presente em muitas casas do Porto, onde o gosto pela mão de vitela gelatinosa era grande, servida em jardineira ou assim, com um gosto mais afrancesado, com um travo suave do limão, a acompanhar arroz branco e tostas.

Depois de bem limpa a mão de vitela, leve-a a cozer em água temperada com sal e grãos de pimenta, folha de louro e a cenoura.

Quando cozida, retire-a, reserve a água da cozedura, deixe arrefecer a mão de vitela, desosse-a e corte-a em pedaços pequenos.

Leve ao lume o azeite com 2 dentes de alho picados e a cebola, deixe alourar um pouco, acrescente a mão de vitela, deixe refogar um pouco, adicione a pimenta branca moída no momento, regue com a água da cozedura e deixe cozinhar lentamente no caldo. Retifique os temperos e polvilhe com a salsa picada.

Bata as gemas com o sumo de limão, verta uma concha do caldo do estufado da mão de vitela e, batendo bem com as varas, incorpore no caldo, fora do lume, mexendo bem para não talhar.

Sirva de seguida com arroz branco e tostas de pão.

Arroz de cabidela

INGREDIENTES
(4 pessoas)

1 frango médio
1 dl de vinagre
2 dl de sangue de frango
1 dl de azeite
200 g de cebola
1 dente de alho
2 folhas de louro
2 dl de vinho tinto
Sal e pimenta preta q.b.
300 g de arroz carolino

No Porto basta dizer cabidela para que se associe logo a arroz de frango feito com arroz carolino, numa calda suculenta de frango ou galo criado, finalizado com o sangue e um toque de vinagre e a frescura da salsa colocada no final.

Na Rua das Taipas, uma casa de pasto faz um delicioso arroz de cabidela, o Rei dos Galos de Amarante é daqueles locais onde ainda podemos comer à boa maneira da velha tradição.

Corte o frango em pedaços e tempere com sal e pimenta.

Leve ao lume um tacho com azeite e, quando este estiver bem quente, coloque os pedaços de frango e deixe-os alourar.

Adicione-lhes a cebola e o alho picado e deixe alourar; regue com o vinho tinto e junte de novo o frango, junte as folhas de louro e 3 dl de caldo de galinha ou água e deixe o frango estufar.

Numa tigela misture o sangue com o vinagre.

Junte o arroz ao frango e coza-o em lume muito fraco; quando o arroz estiver cozido junte o sangue com o vinagre, mexendo sempre. Retifique os temperos e deixe levantar fervura. Sirva de imediato.

Vitela assada com castanhas

INGREDIENTES
(6 pessoas)

1 Kg de pá de vitela
300 g de batatas
300 g de castanhas (congeladas)
2 folhas de loureiro
4 dentes de alho
1 ramos de salsa
1 cebola média
1 colher de chá de colorau
Sal
Pimenta preta moída no momento
2 dl de vinho branco
8 colheres de sopa de azeite
Banha de porco

No dia 1 de novembro é costume no Porto, como em muitas cidades portuguesas, visitarem-se os familiares que partiram numa romagem aos jazigos de família. É sempre um momento de reencontro com alguns amigos e familiares – é verdade que esta tradição tem caído em desuso, assim como o habito de, ao final da tarde e antes de regressar a casa, levar um cartuxo de castanhas assadas que se comprava à porta do cemitério. Claro que o dia das castanhas no Porto é mesmo o dia 11 de novembro, dia de São Martinho, padroeiro da paróquia onde nasci, Cedofeita.

Num almofariz, coloque o sal, a pimenta, o colorau, os dentes de alho, as 2 folhas de loureiro e esmague bem com o pilão. Dissolva esta pasta no vinho branco e marine a peça de vitela: coloque-a num tabuleiro, fazendo uma cama com a cebola cortada em meias-luas e os talos da salsa. Regue com 3 colheres de azeite. Deixe-a assim a marinar por cerca de 6 horas antes de a levar ao forno à temperatura de 200 graus nos primeiros 15 minutos, virando-a para que fique bem dourada. De seguida, diminua a temperatura do forno para 150 graus e deixe assim cerca de 1 hora.

Coza as batatas pequenas inteiras em água temperada de sal e escorra-as. Faça o mesmo com as castanhas.

Leve ao lume uma frigideira com o restante azeite, uma colher de banha de porco e aloure as batatas e as castanhas.

Junte-as no tabuleiro e leve ao forno no suco do assado. Retire a carne e fatie-a, colocando-a numa travessa. À volta, coloque as castanhas e as batatas e salpique com salsa picada.

Pernil de porco no forno

INGREDIENTES
(6 pessoas)

- 3 pernis de porco
- 2 colheres de sopa de colorau
- 4 grãos de pimenta preta
- 2 cravinhos-da-índia
- 1 colher de chá de mostarda
- 1 colher de sopa de pimenta preta
- Azeite q.b.
- Vinho branco
- Sal grosso
- 4 dentes de alho esmagados
- 2 cebolas cortadas em meias-luas

Num pequeno caderno de receitas do seculo XIX encontrei esta receita que tinha a seguinte descrição: «Pode ser feito com o pernil de porco fumado, deixando-o de molho em água fria de um dia para o outro, depois é seguir esta receita.» Trata-se, pois, de uma confeção caseira e saborosamente tripeira.

Leve ao lume em água abundante o pernil de porco a cozer por cerca de meia hora, temperado com louro e meia cebola, cravinhos-da-índia e grãos de pimenta preta.

Num almofariz, coloque o azeite, os alhos, o sal, a pimenta, o colorau, a mostarda e o vinho branco. Esfregue o pernil de porco com esta pasta e coloque-o num tabuleiro sobre a cebola cortada em meias-luas.

Leve-o ao forno durante 45 minutos à temperatura de 180 graus, virando-o para que fique bem tostado.

Acompanhe com castanhas e maçãs assadas.

Rojões com tripa enfarinhada

INGREDIENTES
(6 pessoas)

1 kg de perna de porco, sem osso, com gordura
500 g de tripa enfarinhada
500 g de redenho de porco
800 g de batatas aos cubos
150 g de banha de porco
2 cebolas cortadas às rodelas
3 dl de vinho branco da região dos vinhos verdes
2 dentes de alho picados
2 folhas de louro
Sal
Pimenta branca moída no momento
1 colher de chá de cominhos
1 colher de chá de pimentão doce
Salsa

Camilo Castelo Branco dizia que o Porto era a capital do Minho. Na verdade, tenho para mim que o receituário tripeiro vive muito dessa grande região que outrora se chamou Entre Douro e Minho e onde as receitas com carne de porco encontram muitas semelhanças com as mais minhotas. Faz pouco tempo, no mercado do Bolhão, ainda se podiam ver e sentir o cheiro, pouco agradável, diga-se, das tripas de porco a serem cozidas depois de enfarinhadas…

Corte a perna de porco em cubos com cerca de 10 centímetros, deixando-os com um pouco de gordura.

Esmague os alhos e juntamente com sal, pimenta, colorau e louro envolva tudo com o vinho branco e tempere a carne de porco; deixe-a assim cerca de 6 horas.

Leve ao lume a banha e core os cubos de porco, bem escorridos, deixando--os dourados. Estando no ponto desejado, verta a marinada e deixe cozinhar lentamente, junte a cebola cortada em meias-luas finas e polvilhe com os cominhos.

Frite as tripas enfarinhadas em banha de porco e derreta o redenho no forno bem quente, até que fique bem tostado e crocante.

Coza as batatas em água temperada, escorra-as e passe-as na gordura de fritar a tripa enfarinhada para que fiquem bem douradas e polvilhe-as com o colorau.

Numa travessa coloque no centro os rojões, à volta a tripa enfarinhada bem tostadinha, o redenho e as batatas. Polvilhe com cominhos e salsa picada.

Sobremesas

Feitoria Inglesa

Bolo do S. João

INGREDIENTES

500 g de farinha
100 g de açúcar
100 g de manteiga
6 ovos
50 g de fermento de padeiro
15 g de sal
2 dl de leite
1 cl de bagaço
3 cl de Vinho do Porto
3 cl de licor
1 cl de cerveja
1 cl de *brandy*
100 g de frutas cristalizadas
100 g de nozes
100 g de amêndoas

Segundo o grande historiador do Porto, bom amigo e grande portuense, o Professor Hélder Pacheco, podemos afiançar que a receita remonta, pelo menos, a 23 de junho de 1901, onde aparece num anúncio da confeitaria Costa Moreira & C.ª, no *Jornal de Notícias*.

Seguem-se anos de publicidade até 1949, ano em que inexplicavelmente desaparece quer das páginas dos jornais quer das pastelarias, que o deixaram de fazer.

Primo direito do bolo-rei, marcava a festa de São João e estava presente nas mesas das casas no almoço que se seguia à noite grande e às rusgas pelos vários bairros da cidade e das fontainhas na visita obrigatória à cascata.

Um trabalho realizado pelo Professor Hélder Pacheco em sintonia com a UNISNHOR, graças ao Dr. António Condé Pinto, reabilitou a receita e trouxe-a de novo para as pastelarias da cidade: a Tavi, na Foz, a Primazia, a Concha Douro, Império, Abreu e a Nobreza foram as novas pioneiras deste renascer de uma tradição.

Hoje podemos, na altura das festas da cidade, ter de novo este bolo delicioso nas nossas mesas. A receita que se segue é da Nova Real, no Carvalhido, uma confeitaria na linha da velha tradição das pastelarias do burgo, reconhecida como sendo das melhores, a par da deliciosa Petúlia, na rua Júlio Dinis.

Pode conhecer toda a história deste bolo no livro *Porto, na passagem do tempo*, de Hélder Pacheco.

Receita segundo João Oliveira da Confeitaria Costa Moreira com algumas alterações.

Amasse o fermento com um pouco de farinha e o leite morno. Faça uma bola, dê-lhe um golpe em cruz e deixe levedar.

Coloque a farinha sobre a mesa, abra uma cavidade larga no centro e deite aí a manteiga e o açúcar, amassando-os bem. Continuando a amassar, adicione o fermento e os ovos um a um, ligando tudo muito bem. Junte, então, as bebidas.

Envolva tudo e amasse com energia, cortando a massa com as mãos e batendo-a de modo a que fique fofa e leve, até que, com a ajuda de um pouco de farinha, se descole da mesa.

Misture na massa as frutas cristalizadas picadas, as nozes partidas e as amêndoas inteiras. Amasse, envolvendo tudo. Forme uma bola e deixe-a levedar coberta por um pano.

Logo que tenha levedado, retire um pouco da massa, forme duas tiras e coloque-as em cruz, sobre o bolo, com o feitio de uma broa.

Leve a cozer em forno médio até ficar lourinho e bem cozido. Pincele com manteiga derretida.

Aletria dourada

INGREDIENTES

1 l de água
150 g de aletria
150 g de açúcar
1 dl de leite
2 colheres de sopa de manteiga
Casca de meio limão
1 pau de canela
8 gemas
Canela em pó
Sal q.b.

No Porto, o arroz doce não tem expressão. A aletria é sem dúvida a sobremesa de Natal, mas também dos domingos e dias de nomeada. Dizia-me o Professor Hélder Pacheco que os portuenses não gostam de arroz doce pois durante o cerco do Porto apenas havia arroz e açúcar na cidade sitiada… Por essa ou outra razão, nas inúmeras sebentas que encontrei das famílias tripeiras apenas vi aletria, leite-creme e nada de arroz doce… vá-se lá saber porquê!

Os mais gulosos, como eu, adoram a aletria morna… Com um belo cálice de Vinho do Porto *Tawny* 10 anos bem fresco.

Coza a aletria, desfeita com a mão, em água a ferver com casca de limão, pau de canela, manteiga e temperada com sal. Quando estiver quase cozida, acrescente o leite e o açúcar. Quando cozida, retire o pau de canela e a casca de limão.

Bata as gemas de ovo numa tigela e acrescente um pouco da aletria. Envolva e verta tudo dentro do tacho já fora do lume. Coloque na travessa onde vai servir e, ainda morna, polvilhe com canela. Deixe arrefecer um pouco e sirva morna ou fria.

Rabanadas de Natal

INGREDIENTES

1 pão de cacete
3 dl de leite
8 ovos
2 l de óleo vegetal
300 g de açúcar
2 paus de canela
1 casca de limão
Sal q.b.

Para a calda:
1 dl de água
200 g de açúcar
Casca de limão
1 pau de canela
1 dl de Vinho do Porto

No Porto a sobremesa de excelência no Natal são as rabanadas. Contudo, é muito frequente vê-las durante todo o ano em muitos restaurantes, com grande garbo como acontece no Restaurante Antunes, na Rua do Bonjardim, onde esta sobremesa faz as delícias de quem a prova… Não têm nada que ver com esta receita e têm mesmo de lá ir prová-las!

Corte o pão de cacete em fatias com 4 cm de espessura e reserve por cerca de 6 horas antes de o usar.

Leve ao lume o leite com a canela, a casca de limão, uma pitada de sal e 150 g de açúcar. Quando ferver, retire do lume e passe o pão cortado pelo leite e coloque em cima de um escorredor.

Leve o óleo a aquecer numa frigideira larga. Bata os ovos e passe as rabanadas, fritando-as em seguida no óleo bem quente.

Coloque as rabanadas sobre papel absorvente, polvilhe com canela em pó e o restante açúcar.

Sirva com a calda de açúcar com Vinho do Porto.

Para preparar a calda

Leve ao lume o açúcar com 1 dl de água, o pau de canela, a casca de limão e deixe ferver durante 3 minutos. Junte então o Vinho do Porto e deixe levantar fervura. Retire do lume e deixe arrefecer.

Mexidos

INGREDIENTES

1 pão de Ovelhinha ou
   Padronelo
100 g de corintos
50 g de pinhões
50 g de nozes
50 g de avelãs
50 g de amêndoa pelada e
   torrada
4 colheres de sopa de mel
Sal q.b.
1 pau de canela
1 casca de limão
120 g de açúcar
1 cálice de Vinho do Porto
Canela em pó q.b.

É a minha sobremesa favorita no Natal, receita dos meus antepassados, elaborada todos os anos pelo meu pai, que continua, nos seus 88 anos, a cortar o pão em cubos mínimos e a cozinhar lentamente na calda de açúcar com mel. O pão, esse tem de ser de Ovelhinha ou Padronelo e comprado numa mercearia perto do Bolhão…

Leve ao lume 1 l de água com uma pitada de sal, 1 pau de canela, a casca de limão e o açúcar e deixe ferver durante 2 minutos.

Junte o pão cortado em cubinhos e mexa sempre até este ficar completamente desfeito. Adicione o mel e continue a mexer, junte os frutos secos, o cálice de Vinho do Porto e deixe ferver em lume brando mais um pouco. Retire o pau de canela e a casca de limão.

Coloque numa travessa e polvilhe com canela em pó.

Bolos do Douro

INGREDIENTES
(6 pessoas)

- 4 claras de ovos
- 300 g de açúcar
- 300 g de nozes ou amêndoas picadas
- 400 g de massa folhada

No Porto podemos encontrar estes docinhos deliciosos numa pastelaria já com história no Carvalhido, a Nova Real. Ali estes bolos são feitos por cima de crocantes de massa folhada, uma derivação da receita original, que os fazia cozinhar apenas em tabuleiro untado com manteiga e farinha.

Bata as claras e misture-as com o açúcar aos poucos e, por fim, as amêndoas em palito ou inteiras, mas sempre tostadas.

Estenda a massa folhada e corte em pequenos retângulos com 3 cm de largura por 7 cm de comprimento. Coloque por cima um pouco do preparado anterior e leve ao forno à temperatura de 180 graus, com mais temperatura na parte inferior, durante meia hora.

Retire-os do forno, deixe arrefecer um pouco e sirva-os com um chá ou um cálice de Vinho do Porto Tawny, sempre fresco...

Papos de anjo

INGREDIENTES
(6 pessoas)

Para o recheio:
500 g de açúcar
20 gemas de ovo
Raspa de 1 limão

Para a massa:
3 claras de ovo
Papel de hóstia

Sempre escutei, em miúdo, que um amigo do meu avô, o Coronel Villas-Boas, comia depois do jantar uma dúzia destes papos de anjo. Eu não me atrevo a tantos, mas meia dúzia vai sempre…

Leve ao lume o açúcar com 2,5 dl de água. Quando estiver a ferver conte 4 minutos, retire do lume e mexa as gemas com umas varas. Junte o açúcar morno às gemas, a raspa de limão e leve de novo ao lume a engrossar, mexendo sempre para não agarrar. Quando vir o fundo do tacho, retire do lume e deixe arrefecer.

Com uma tesoura, corte rodelas com 15 cm de diâmetro de papel de hóstia, pincele as pontas com clara de ovo e recheie com o creme de ovo. Aperte as extremidades para que colem bem e pincele de novo com clara de ovo, passando em seguida por açúcar.

Coloque sobre papel vegetal e deixe secar antes de servir.

Pudim de maçãs

INGREDIENTES

1 kg de maçãs reinetas
100 g de açúcar para assar as maçãs
1 cálice de Vinho do Porto
400 g de açúcar
10 gemas de ovo
75 g de manteiga
Canela q.b.

Receita que se perdeu no tempo, encontrei-a numa velha sebenta lá de casa. Mais um pudim feito em forma de folha de flandres, cozinha em banho--maria lentamente, ficando no final o suculento e intenso sabor das maçãs, que harmoniza na perfeição com um cálice de Porto Tawny 20 anos… servido fresco, claro!

Asse as maçãs com 2 colheres de açúcar e um cálice de Vinho do Porto.
Depois de assadas, retire a casca e os caroços e guarde o polme.
Junte o polme das maçãs, o açúcar, as gemas, o caldo da cozedura das maçãs (nunca mais que 1 dl) e a manteiga amolecida. Mexa tudo e leve ao forno em banho-maria por 1 hora a 150 graus.

Trouxas de ovos

INGREDIENTES
(6 pessoas)

24 gemas de ovos
250 g de açúcar
125 g de água

Existe um livro onde estas trouxas de ovos se fazem cozinhar no Convento de São Bento da Avé-Maria, onde hoje se ergue a estação de comboios de São Bento.

A ligação dos doces aos conventos e mosteiros é antiga, embora tenha para mim que nomes como papos de anjo, barriga de freira, orelhas de abade e beijos de freira sejam fantasias do povo e nunca se tenham feito, ou pelo menos com esse nome, dentro das instituições religiosas... Seria uma heresia.

Separe as gemas das claras e retire as películas que cobrem as gemas. Faça uma calda de açúcar em ponto espadana (38 graus). Deite num tachinho pequeno, destinado a produzir a membrana que há de constituir cada trouxa. Com uma colher ou com um copinho, deite no tacho, onde a calda está a ferver em lume brando, a porção correspondente a duas gemas, que naturalmente alastra e coagula. Retire-a então com a escumadeira para dentro de uma rede e deixe esfriar. Repita o processo. Depois de frias, embrulhe-as formando trouxas.

Por cima, verta a calda que sobrou da cozedura.

Bolo de nozes

INGREDIENTES

5 ovos
250 g de açúcar
250 g de nozes moídas
15 g de farinha
10 g de fermento em pó

Este bolo é tão simples e tão suculento que, regado com ovos moles, serve também de sobremesa, embora seja servido mais na hora do chá… Comi-o muitas vezes com chá de rosas comprado na Casa Chinesa, vendido avulso em cartuchos de papel.

Bata o açúcar com as gemas, deite a farinha, o fermento e as nozes e misture tudo.

Em seguida, bata as claras em castelo e envolva-as na massa. Leve ao forno aquecido a 200 graus em forma untada, durante 35 minutos.

Este bolo é ótimo para acompanhar um bom cacau quente ou chá.

Sopa dourada do Natal

INGREDIENTES

200 g de manteiga
250 g de pão branco
400 g de açúcar amarelo
12 gemas de ovo
2 claras de ovo
20 g de canela
1 cálice de Vinho do Porto

Riquíssima em açúcar e gemas, é daquelas sobremesas que fazem as delícias dos gulosos como eu na noite mais longa do ano. Faz parte da mesa de consoada, onde os doces abundam e estamos sempre prontos para mais um pedacinho, quer de doce quer de amor.

Derreta a manteiga e aloure o pão cortado em cubinhos pequenos.
Leve ao lume o açúcar com 2 dl de água a ferver durante 4 minutos. Junte o pão dourado, o cálice de Vinho do Porto e deixe cozer assim 4 minutos em lume brando, mexendo sempre.
Deixe esfriar um pouco e junte as gemas misturadas com as claras batidas e leve de novo ao lume, mas sem deixar ferver.
Polvilhe com canela e sirva frio.

Vinho quente

INGREDIENTES
(8 pessoas)

10 gemas
300 g de açúcar
4 dl de vinho verde tinto
4 dl de Vinho do Porto Ruby
200 g pão de mistura seco cortado em cubinhos
Canela em pó q.b.

Depois da missa do galo lá chegava o vinho quente e todos, sem exceção, bebíamos e comíamos os cubos, que ora são de pão ora de pão-de-ló.. Os mais pequenos deliciam-se com uma dose de meia chávena de café, afinal é Natal!!!

Bata as gemas com o açúcar até dissolver e o batido ficar cremoso.
Leve ao lume a ferver o vinho tinto e metade do Vinho do Porto e junte ao preparado anterior. Bata em banho-maria sobre o lume, com varas de arame, este preparado durante cerca de 10 minutos até ficar fofo e as gemas cozidas.
Junte o restante Vinho do Porto e sirva-o em taças com os cubinhos de pão tostado.
Polvilhe com canela em pó.

Tarte de frutos secos

INGREDIENTES

Para a massa:

125 g de manteiga
100 g de açúcar
250 g de farinha
3 ovos
Frutos secos
100 g de uvas passas
50 g de nozes
100 g de amêndoas
50 g de pinhões

Para o recheio:

50 g de amêndoa ralada com pele
100 g de açúcar
100 g de manteiga
2 gemas de ovo

Numa das inúmeras sebentas com receitas caseiras e familiares encontrei esta, excelente na sua construção. Pode ser acompanhada, enquanto morna, com um gelado de baunilha.

Os frutos secos usados tinham na receita original uma pequena ressalva: «Devem usar nozes de Vidago pois são mais saborosas.»

Junte a farinha, o açúcar, a manteiga e os ovos: amasse bem e deixe repousar.

Entretanto, faça o recheio: junte todos os ingredientes, bata bem e reserve. Estenda a massa, forre uma forma de tarte, coloque o recheio e salpique com os frutos secos.

Com um pouco de massa, estenda umas tiras sobre a tarte e leve ao forno a cozer a 200 graus, durante 30 minutos.

Acompanhe com peras em vinho tinto ou então uma bola de sorvete de frutos vermelhos.

Pudim francês

INGREDIENTES

1 l de leite
12 ovos
200 g de açúcar
1 casca de laranja
1 pau de canela
1 cálice de Vinho do Porto
1 colher de sopa de farinha
Caramelo para untar a forma

Até há pouco tempo havia sempre pudim francês em todos os restaurantes da cidade. Umas receitas, fartas em farinha, tornavam-o maçudo, outras eram, mais elegantes, com mais ovos e mais açúcar. Sempre o caramelo bem tostado, quebrando assim um pouco o doce e dando-lhe um travo amargo do caramelo queimado.

Em França ninguém conhece o pudim francês… É, pois, uma derivação do *crème caramel*, tão popular em terras gaulesas.

O pudim francês só tinha outro rival nos restaurantes dos anos 1970 no Porto: o pudim flan, servido em pequenas formas de alumínio, mais delicado e com menos açúcar.

Leve ao lume o leite com casca de laranja, pau de canela e deixe ferver.

Bata os ovos com o açúcar, o cálice de Vinho do Porto e uma colher de sopa de farinha. Verta o leite a ferver por cima deste batido, mexendo sempre, retire a casca de laranja e o pau de canela.

Depois de caramelizada a forma do pudim, coloque o preparado e leve ao forno em banho-maria à temperatura de 160 graus durante 1 hora.

Retire do forno e do banho-maria, deixe arrefecer e desenforme para um prato fundo para que fique bem regado com o caramelo da forma.

Bolo de chila

INGREDIENTES

3 ovos inteiros
5 gemas
250 g de açúcar
100 g de amêndoas raladas
200 g de chila escorrida
Açúcar em pó
Canela para polvilhar

A chila sempre fez parte dos nossos bolos e pastéis mais tradicionais. Cozinhada em calda de açúcar, a chila, fica em fios que se confundem com os fios de ovos.

Esta receita tão simples casa na perfeição com um Tawny 10 anos, servido fresco, e chegou até mim através de uma das inúmeras sebentas de cozinha do início do seculo xx.

Bata as gemas com o açúcar até obter um creme esbranquiçado, acrescente as amêndoas moídas, a chila, e, por fim, envolva as claras em castelo.

Leve ao forno numa forma untada com manteiga, forrada com papel vegetal à temperatura de 160 graus durante 50 minutos.

Desenforme e polvilhe com açúcar em pó e canela.

Bolo real

INGREDIENTES

50 g de amêndoas peladas
50 g de nozes
12 ovos
250 g de açúcar
100 g de farinha

É realmente muito bom, receita de um velho livro da casa da Senhora D. Olívia Carvalhais, que chegou até mim pelas mãos amigas da Dra. Margarida Azevedo.

Pise as amêndoas e as nozes num almofariz. Misture bem as gemas de ovos com o açúcar, junte as amêndoas e as nozes e mexa tudo muito bem. Por último, acrescente a farinha e as claras bem batidas.
Leve ao forno a 200 graus durante 45 minutos.

Pudim real de gemas e laranja

INGREDIENTES

400 g de açúcar
15 gemas de ovo
Raspa de 4 laranjas
1 cálice de Vinho do Porto
1 cálice de *Cointreau*
200 g de açúcar para o caramelo

Pudim clássico de gemas, farto e com sabor concentrado. Talvez no Porto o mais conhecido dos pudins continue a ser o francês, derivação do *crème caramel* que cá chegara nos anos 1920.

Contudo, nas casas mais abastadas, os pudins de gemas eram e são receita de família passada de geração em geração, como esta, com mais de cem anos.

Leve ao lume 200 g de açúcar dissolvidos num pouco de água até ficar em caramelo e caramelize a forma canelada de pudim.

Numa caçarola, misture 400 g de açúcar com 2 dl de água e deixe ferver durante precisamente 4 minutos.

Num recipiente coloque as gemas de ovo, a raspa das laranjas, os cálices de Porto e *Cointreau*. Depois de ligeiramente arrefecida, verta a calda de açúcar sobre este preparado e mexa com cuidado, de forma a que fique tudo ligado.

Coloque este preparado na forma e leve ao forno em banho-maria à temperatura de 150 graus, durante 1 hora.

Retire do forno, deixe arrefecer e desenforme. Sirva acompanhado com ananás macerado em Vinho do Porto ou frutos vermelhos frescos e pequenos biscoitos.

Filhós de abóbora-menina

INGREDIENTES
(6 pessoas)

5 kg de abóbora-menina
350 g de farinha
1 cálice de Vinho do Porto
3 gemas de ovo
Açúcar e canela q.b.
Óleo para fritar

São muitos os nomes que podem ter estes sonhos de abóbora, Jerimús mais para o Minho, bilharacos ou velharacos mais ao Centro. O certo é que os encontramos nas mesas de Natal em muitas casas do Porto, onde se comem polvilhados com canela e açúcar.

Leve a abóbora a cozer em água temperada com sal, escorra-a bem e coloque-a num pano de um dia para o outro para que seque bem.

Junte as gemas, a farinha, o cálice de Vinho do Porto e 3 colheres de sopa de açúcar à abóbora e amasse bem.

Aqueça o óleo a 160 graus, faça pequenos croquetes com ajuda de duas colheres e frite-os no óleo. Coloque-os em papel absorvente e polvilhe com a canela e o açúcar.

Leite-creme

INGREDIENTES

1 l de leite
6 gemas
150 g de açúcar
30 g de farinha Maizena
1 casca de limão
Açúcar para queimar q.b.
1 pau de canela
4 cl de Vinho do Porto

Sobremesa bem nortenha, que se encontra em todas as casas portuenses, seja nas festas mais populares seja no Natal.

É daquelas receitas que transportamos da infância: o cheiro do caramelo, que fica no ar no momento em que se queima e se mistura com os aromas de limão e canela.

Hoje pode ser queimado com uns maçaricos que se carregam com gás e que facilitam a caramelização do açúcar com mais facilidade, mas a tradição era usar um ferro em brasa.

Ferva o leite com a casca de limão e o pau de canela.

Bata bem as gemas com o açúcar e a farinha e dissolva num pouco de leite frio. Junte o leite a ferver ao batido e leve ao lume, mexendo sempre até engrossar.

Coloque o preparado em tacinhas e deixe arrefecer.

Antes de servir, polvilhe com açúcar e queime com um ferro em brasa e borrife com Vinho do Porto Tawny 10 anos.

Tarte de queijo fresco

INGREDIENTES

Para o recheio:

300 g de requeijão
6 gemas de ovo
150 g de açúcar

Para a cobertura:

400 g de cerejas sem caroço
100 g de açúcar

Para a massa da tarte:

125 g de manteiga
100 g de açúcar
250 g de farinha
3 ovos

Simples na sua confeção, é essencial selecionar um bom queijo. Em tempos, este comprava-se no Rei dos Queijos, na Rua do Bonjardim, e vinha em folhas de couve galega. Confecionada com requeijão fresco esta tarte fica com um travo final requintadamente ácido, o que lhe confere um equilíbrio excelente.

Prepare o recheio
Ferva o açúcar num decilitro de água durante 4 minutos, deixe arrefecer um pouco e junte as gemas e o requeijão.

Prepare a cobertura
Leve ao lume o açúcar com as cerejas e deixe cozinhar durante 5 minutos. Retire do lume e deixe arrefecer.

Prepare a massa
Amasse todos os ingredientes e deixe repousar. Estenda a massa e forre com ela uma forma de tarte.

Recheie a forma com o preparado do queijo e leve ao forno a 200 graus, durante 25 minutos. Coloque as cerejas sobre a tarte e leve de novo ao forno durante mais uns 10 minutos.

Retire do forno e deixe arrefecer.

Acompanhe com gelado de baunilha.

Musse de amêndoa do Douro

INGREDIENTES

100 g de amêndoas torradas e moídas
100 g de bolacha Maria moída
8 gemas de ovo
4 claras de ovo
200 g de açúcar
1 cl de licor de amêndoa amarga
Canela para polvilhar

Sabemos que a mousse de chocolate aparece em Portugal nos anos 1920 na Embaixada de França e que rapidamente se espalhou pelas casas burguesas lisboetas e portuenses. Já esta receita era de uma velha senhora, Aninhas de seu nome, que trabalhou em inúmeras casas de família sempre como cozinheira.

Leve ao lume o açúcar com 1 dl de água e deixe ferver durante 4 minutos, junte gemas e leve de novo ao lume a engrossar.

Deixe arrefecer um pouco e adicione as bolachas, as amêndoas e o licor; envolva as claras batidas em castelo e coloque nas taças. Polvilhe com canela.

Bolachas de aveia

INGREDIENTES
(6 pessoas)

250 g de flocos de aveia
140 g de manteiga
60 g de açúcar

Parecem as bolachas mais modernas, crocantes, com aspeto partido, com aveia (tão na moda)… Contudo, esta receita tem mais de cem anos e era servida na hora do chá. Tenho memória de comer estas bolachas nos lanches servidos na casa da senhora D. Maria Adelaide enquanto preparávamos as longas listas de crianças que se inscreviam para a catequese na igreja da Lapa. Eram momentos mágicos que sempre recordo com grande nostalgia e saudade.

Misture muito bem a manteiga com os flocos de aveia e o açúcar, amasse à mão e estenda com ajuda de um rolo. Coloque esta mistura num tabuleiro forrado com papel vegetal e untado com manteiga.

Leve ao forno à temperatura de 180 graus durante 20 minutos, até que fiquem bem tostadas. Retire do forno, deixe arrefecer um pouco e corte em pedaços com a ajuda de uma faca, deixe-as arrefecer e sirva, por exemplo, com o chá preto do Ceilão comprado na Casa Chinesa na rua Sá da Bandeira.

Regueifa doce

INGREDIENTES

1400 g de farinha tipo 75
60 g de fermento de padeiro
9 gemas de ovo
1 ovo
300 g de açúcar
150 g de manteiga
3 dl de água
10 g de canela em pó
1,2 colher de café de açafrão em rama

É daqueles doces que esperamos sempre encontrar nas festas de rua, sejam as Lázaras no jardim de São Lázaro em época de Quaresma, seja na Festa da Senhora da Lapa no primeiro domingo de maio.

Esta regueifa é mais trabalhada do que as saboreadas por lá, mas o aroma e sabor transportam-nos para a infância e para aquelas chávenas de café de saco com que se comem estas regueifas.

Desfaça o fermento em 3 dl de água morna e misture com 200 g de farinha, amasse tudo e deixe levedar durante 2 horas em lugar seco e aquecido.

Desfaça a canela e o açafrão em água.

Coloque o ovo e as gemas num recipiente e bata com o açúcar, junte a manteiga amolecida e a água do açafrão e canela.

Sobre a mesa, coloque a farinha em fonte, junte a massa fermentada, os ovos batidos com a água e amasse tudo muito bem; junte mais água se necessário.

Deixe levedar durante 4 horas em local seco e aquecido.

Corte a massa em tiras e enrole como uma trança. Deixe levedar de novo durante mais 1 hora.

Leve a cozer no forno a 220 graus durante os primeiros 5 minutos, reduzindo de seguida para 180 graus, mantendo-o assim durante cerca de 45 minutos.

Quando saírem do forno, pincele-as com manteiga derretida.

Compota de tomate

INGREDIENTES

1 kg de tomates maduros
1250 g de açúcar
10 maracujás

Entre as milhares de receitas que existem de doce de tomate, esta tem uma pequena história. Esta receita era a que uma velhinha, Senhora D. Margarida, que morava mesmo defronte à nossa casa da Rua do Gerês, fazia. Presenteava-me com frascos como que agradecendo as longas conversas que tínhamos – eu nos meus catorze anos, ela nos seus mais de oitenta.

O que sei sobre o Porto dos anos 1930 e 1940 foi-me grande parte transmitido por ela e pelas páginas de jornais amareladas escritos pela pena do seu marido, que havia sido jornalista no *Comércio do Porto*.

Pele e corte os tomates aos pedaços; abra metade dos maracujás e tire-lhes a polpa e as sementes. Coloque a outra metade dos maracujás num tacho, cubra-os com água e leve-os ao lume, durante 1 hora, até o interior ficar cozido. Uma vez cozida, retire a polpa.

Aqueça o açúcar, junte-lhe os tomates, a polpa crua dos maracujás, a cozida e o açúcar. Mexa em lume brando até estar dissolvido.

Deixe levantar fervura rapidamente e mexa de vez em quando, durante 30 minutos.

Retire do lume, tire a espuma, encha os frascos e tape depois de arrefecer.

Compota de abóbora-menina

INGREDIENTES

- 2 kg de abóbora-menina descascada, limpa de sementes e cortada em cubos
- 1,5 kg de açúcar amarelo
- 2 paus de canela
- 2 dl de Vinho do Porto (*Tawny*)
- 5 maracujás

Era um daqueles doces para o pequeno-almoço, para a merenda ou então para acompanhar o requeijão que, vindo da Serra, ainda se encontra nas velhas mercearias da Baixa do Porto e que se transforma numa deliciosa sobremesa.

Coloque num tacho os cubos de abóbora, os paus de canela, o açúcar amarelo e regue com o Vinho do Porto. Leve a um lume muito brando e vá mexendo de tempos a tempos até formar o ponto de estrada (coloque um pouco num prato, deixe arrefecer ligeiramente e passe o dedo, se formar uma estrada está pronto).

Retire os paus de canela e envolva a polpa dos maracujás.

Num tacho com água a ferver coloque os frascos e as tampas, deixe ferver durante 5 minutos para esterilizar. Retire-os e coloque-os sobre um pano limpo para que sequem. Encha os frascos com a compota ainda quente e feche-os, coloque-os ao contrário para que façam vácuo; assim, terá compota por muitos meses.

Pode servir com um pouco de canela em pó.

Compota de marmelos

INGREDIENTES

2,5 kg de açúcar amarelo
3 kg de marmelos
1 pau de canela
Casca de 1 limão

A marmelada sempre fez parte das tradições das merendas, a rechear os moletes (pão branco) ou com bolachas Maria. Porém, em muitas casas era usual fazer-se uma compota de marmelos, que se conservava em frascos de vidro e que fazia a delícia nas tardes de inverno com um chá bem quente ou então com queijo da Serra da Estrela no final da refeição.

Lave os marmelos, retire a casca e os caroços.

Leve ao lume um tacho com o açúcar, o pau de canela, a casca do limão e os marmelos cortados aos cubos pequenos.

Cozinhe em lume muito brando, mexendo de tempos a tempos, deixando cozinhar durante cerca de duas horas, sempre em lume muito brando.

Num tacho com água a ferver coloque os frascos e as tampas, deixe ferver durante cinco minutos para esterilizar. Retire-os e coloque-os sobre um pano limpo para que sequem. Encha os frascos com a compota ainda quente e feche-os. Coloque-os ao contrário para que façam vácuo; assim terá compota por muitos meses.

Chefs convidados

António Vieira

Aos 46 anos, com 26 de profissão, o Chefe António Vieira já deixou a sua marca em diversos projetos. Entre 1991 e 2007 foi responsável por diversos projetos, em que se destacam o Restaurante Praia da Luz, Restaurante Café na Praça, Restaurante Cafeína, Restaurante Trinca Espinhas, Restaurante Oriental, Liven kitchen, 4 Know How e Restaurante Terra. Mas sentiu que estava na hora de voar mais alto e abriu o seu próprio projeto, o Restaurante SHIS, na Foz do Douro, que em janeiro de 2014 foi destruído pela tempestade do mar.

Em 2015, inaugurou o Wish, inspirado em modernos conceitos de restaurante de fusão, onde é possível partilhar uma saborosa refeição japonesa com uma cozinha internacional, confecionada de forma requintada, sustentada numa carta de vinhos de nível superior e a possibilidade de desfrutar a copo alguns vinhos de excelência.

Filete de robalo, puré de grão, edamame e cogumelos chantereles

INGREDIENTES

600 g de robalo limpo
600 g de grão-de-bico cozido e descascado
150 ml de azeite
5 g de sal
4 g de vinagre
250 g de edamame descascado
250 g de chantereles
1 dl de azeite
1 dente de alho
Sal e pimenta preta moída na hora

Coloque o grão com o azeite, o sal e o vinagre num liquidificador e passe até ficar com um creme muito fino.

Retire a pele do edamame e, em azeite bem quente com o dente de alho, salteie ambos até ficarem cozinhados, mas com uma textura crocante. Tempere com sal e pimenta.

Tempere os filetes de robalo e grelhe de ambos os lados, para que fiquem suculentos no centro.

Sirva o puré no centro do prato e disponha o edamame e os cogumelos. Coloque o peixe em cima e decore com um microverde de mostarda e um fio generoso de azeite.

Camilo Jaña

Camilo Jaña, oriundo da pátria de Pablo Neruda, apaixonou-se pelo Porto numa visita que fez à sua irmã e nunca mais deixou a cidade. Autodidata e irrequieto de nascença, assume hoje as cozinhas do grupo de Vasco Mourão na Foz do Porto. Terra, Casa Vasco, Portarossa e o emblemático Cafeína são restaurantes bem distintos onde o *chef* tenta demonstrar todas as culturas e os gostos que o influenciam. Recentemente, foi também responsável, com Ruy Leão, pelo primeiro restaurante «*Pop Up*» da cidade, o Panca, totalmente dedicado ao Ceviche.

Hoje, e apesar do sotaque espanhol, assume-se portuense de alma e coração.

Bacalhau gratinado com aioli, migas de broa e grelos e creme de cebola assada

INGREDIENTES

Lombos de bacalhau (cerca de 150 g cada)
300 g de broa de milho
Azeite
Alho
Grelos
Batata mirepoix
Sal
Pimenta preta

Para o molho Aioli:
Salsa
Cebolinho
Estragão
1 gema
150ml de azeite
1 dente de alho
Limão
Sal
Pimenta do reino

Para o creme de cebola assada e fumada:
3 cebolas
Azeite q.b.
Sal q.b.
Manteiga q.b.

Comece pelo aioli: confite o alho no azeite, deixe arrefecer e passe com a varinha e filtre. Pique as ervas finamente. Misture a gema e bata com varas de arame, acrescentando o azeite e as gotas de limão até obter uma maionese. Tempere com sal e pimenta e reserve.

Prepare o creme de cebola assada e fumada: corte a cebola em pedaços e defume durante 30 minutos. Asse a cebola coberta no forno, temperada com sal e azeite.

Coloque a cebola no *robot* de cozinha e passe até obter um puré, filtre para retirar o excesso de sucos e envolva a manteiga até obter um creme amanteigado e homogéneo.

Cozinhe os grelos. Despedace a broa de milho e frite-a em azeite e alho numa frigideira. Acrescente os grelos cozidos. Misture batata frita em *mirepoix*, tempere com sal e pimenta. Confite as postas de bacalhau em azeite e louro por 7 minutos.

Regue o bacalhau com o aioli e gratine na salamandra.

Sirva acompanhado do creme de cebola assada.

Chefe Cordeiro

Filho de pais transmontanos, nasceu em 1967 em Luanda. Cedo retornou ao norte de Portugal, onde tomou o gosto pelos sabores nacionais. Aos 18 anos decide conhecer o mundo e abre os horizontes gastronómicos. Exigente e esforçado, amante dos sabores portugueses, o seu trabalho tem vindo a ser reconhecido com estrelas Michelin e com diversos prémios, como o de Melhor Chefe de Cozinha. Tem sido presença assídua em programas de televisão.

Em 2016 abre o Restaurante Chefe Cordeiro no Terreiro do Paço, em Lisboa, e The Blini, uma marisqueira *gourmet* com uma deslumbrante vista sobre o rio Douro.

Polvo assado no forno com puré de grão-de-bico

INGREDIENTES

(para 4 pessoas)

1,200 kg de polvo nacional
220 g de cebola
600 g de grão-de-bico
1,2 dl de nata de cozinha
15 g de alho
160 g de couve *pak-choi*
1,6 dl de azeite nacional
1 dl de vinho tinto de boa qualidade
10 g de pó de tomate vermelho
10 g de pó de azeitona preta
20 g de tomate cereja
2 folhas de louro
15 g de sal grosso

Depois de bem lavado, coza o polvo em água com a cebola, o alho e 1 folha de louro durante cerca de 1 hora. Retire e reserve para levar ao forno com uma marinada simples de cebola, alho, vinho tinto, sal e azeite.

Coza o grão-de-bico em água e sal. Deixe cozer muito bem e depois passe tudo até ficar com puré, adicionando um pouco de natas, azeite e temperando com sal. Reserve para o empratamento, já dentro do saco de pasteleiro.

Coza a couve *pak-choi* em água e sal e reserve-a quente para o empratamento.

Leve o polvo ao forno durante cerca de 15 minutos a 180 graus e deixe alourar. Passe o molho por um coador.

Coloque o puré de grão em cordão no centro de um prato bonito. De seguida, coloque a couve *pak-choi* e, no topo, o polvo. Enfeite o prato com o pó de tomate e o pó de azeitona preta. Corte ao meio um tomate cereja e disponha-o onde ficar mais bonito. Enfeite com salsa fresca ou outra erva bonita. Regue com um pouco de molho do polvo assado.

Bom apetite e *BiBó Porto*!

Inês Diniz

Inês Ribeiro de Oliveira Diniz, nasceu a 9 de janeiro de 1964, no primeiro andar de um conhecido restaurante da cidade do Porto, a Casa Aleixo.

Por aí cresceu, estudou e começou a trabalhar, chegando à cozinha em 2007. Desenvolveu a sua arte através de diversas formações e participou em inúmeros eventos e workshops da especialidade. Em 2011 abandona a casa da família e inicia um projeto num novo espaço, a Casa Inês, onde partilha uma cozinha de intuições e lembranças.

Filetes de polvo com arroz de polvo

INGREDIENTES

Polvo
Farinha
Ovos
Óleo
Água
Palitos (para unir os filetes)
Azeite
Cebola
Salsa
Água de cozer o polvo
Arroz carolino

Arranje o polvo, cortando as pontas dos tentáculos e a cabeça. De seguida, numa panela com água, coloque o polvo a cozer. Reserve a água da cozedura. Quando estiver cozido, retire e ponha a escorrer e a arrefecer. Quando estiver frio, abra os tentáculos ao meio e una-os com a ajuda de palitos. Após esta operação, passe-os por farinha, depois por ovo batido e leve-os a fritar em óleo bem quente. Depois de fritos, deixe escorrer o óleo e retire os palitos.

Para acompanhar....

Arroz de polvo

Faça um puxado leve com cebola e azeite. De seguida, refogue os pedaços de polvo cortados inicialmente, até ficarem tenros. Adicione a água da cozedura do polvo. Por fim, junte o arroz carolino. Deixe cozinhar e secar.

João Pupo Lameiras

João Pupo nasceu a 26 de fevereiro de 1986. Frequentou o curso de engenharia civil em 2004, tendo-o terminado em 2010. Durante o curso fez dois curtos estágios em cozinha e, findo este, fez mais dois estágios na mesma área. Ainda em 2010, abriu, como responsável pela cozinha, a Casa de Pasto da Palmeira. Entretanto, em 2013, abriu a Casa de Pasto das Carvalheiras, em Braga, e o LSD-Largo de São Domingos, em 2014.

Atualmente é responsável pela cozinha do restaurante Bacalhau, no Porto, onde se pratica uma cozinha de raiz portuguesa e do RO (juntamente com Francisco Bonneville), também no Porto.

Pregado com açorda de brioche de camarão

INGREDIENTES

1 pregado de 2 kg
200 g de camarão com casca e cabeça
1 kg de navalheiras frescas
0,5 kg de cebola
0,25 kg de aipo
1 cabeça de alho
1 couve lombarda
1 lata de tomate pelado
100 g de pão seco
100 g de pão de brioche (ou bicos de pato amarelos)
25 g de coentros
25 g de manteiga
Azeite q.b.
Piripíri
Pimenta preta
Sal

Arranje o pregado em filetes e tempere com sal fino. Marque-os numa frigideira com um fio de azeite e acabe de os cozinhar no forno a 180 graus.

Descasque o camarão. Reserve a carne.

Asse as cabeças e cascas de camarão e as navalheiras num forno a 180 graus, até estarem douradas. Entretanto, refogue a cebola, o aipo e 4 dentes de alho com um fio de azeite num tacho grande. Junte as cabeças e cascas de camarão e as navalheiras, o tomate pelado e cubra com 2 l de água. Deixe cozer durante 30 minutos e triture. Coe bem e reduza metade do caldo (reserve a outra metade) até obter uma consistência de molho espesso. Junte a manteiga e tempere.

Separe as folhas de couve e ferva-as durante 3 minutos em água a ferver.

Desfaça bem o pão e o brioche. Pique 4 dentes de alho e refogue-os brevemente num fio de azeite. Junte os camarões descascados picados e 0,5 l do caldo que sobrou. Deixe ferver. Junte o pão desfeito e mexa bem. Se for necessário, junte mais caldo. Tempere com sal, pimenta, piripíri e os coentros.

Enrole esta açorda nas folhas de lombarda cozidas e aqueça durante 5 minutos no forno.

Sirva o filete de pregado com a açorda enrolada em couve lombarda e, já na mesa, regue com o molho reduzido dos crustáceos.

Luís Américo

Luís Américo é um dos mais conceituados *chefs* de Portugal. Formou-se em Gestão Hoteleira e, mais tarde, em Gastronomia Molecular. Foi chefe cozinheiro do ano em 2004, e, mais recentemente, reconhecido pela Academia Internacional de Gastronomia sediada em Paris com o prémio de «Chef D'avenir 2011». Em 2013, foi convidado para ser orador no TEDx OPORTO.

Atualmente, gere em Macau o Fado, um dos mais conceituados restaurantes portugueses da Ásia desde 2013 e tem dois dos mais marcantes restaurantes da cidade do Porto – O Cantina 32, reconhecido pelo *New York Times* como um dos espaços mais marcantes da cidade, e, mais recentemente, o Puro 4050.

Caldeirada de lulas e camarão 32

INGREDIENTES

(16 pessoas)

- 2 Kg de lulas médias
- 1 Kg de camarão inteiro com casca
- 2 pimentos verdes
- 2 pimentos vermelhos
- 3 cebolas grandes, às rodelas
- 8 tomates maduros, às rodelas
- 2 dentes de alho
- Sal e piripíri q.b.
- ½ molho de coentros
- 300 g de azeite
- 3 folhas de louro
- 2 l de vinho branco do Douro
- 5 g de hortelã
- 8 fatias de pão regional

Num tacho largo, cubra o fundo com azeite, seguido das cascas de camarão, uma camada de cebola às rodelas, tomate, alho inteiro e rodelas de pimentos.

Deixe refogar durante 5 minutos em lume forte. Tempere com um pouco de sal, junte o louro e regue com metade do vinho branco.

Por fim, acrescente metade das lulas cortadas às rodelas, exceto as patas, hortelã e coentros.

Regue com o restante vinho branco e leve a cozer por cerca de 20 minutos em lume brando.

Coe o caldo e reserve.

Salteie as patas das lulas e o camarão em azeite, alho e coentros.

Torre o pão e faça pequenos cubos de pimentos verdes e vermelhos.

Coloque 1\2 fatia de pão tostado na base do prato e as lulas e os camarões salteados em cima.

Decore com a gravilha de pimentos, coentros picados e cebolinho.

Regue com o caldo, já na mesa.

Marco Gomes

Marco Gomes é um dos nomes firmados na lista dos mestres da gastronomia em Portugal. Na sua carreira, fez história em restaurantes de norte a sul: Hotel Forte de S. Francisco, Quinta do Lago, Hotel Montebelo, Hotel SPA Alfândega da Fé e o Hotel Casa da Calçada. Em 2003, abriu o seu próprio restaurante no Porto, o Restaurante Foz Velha, um ícone da cidade durante 13 anos consecutivos. Apesar da azáfama da cozinha, arranja tempo para partilhar os seus saberes todas as semanas no programa «Grandes Manhãs», no Porto Canal, e está presente em inúmeras palestras e debates subordinados à arte de cozinhar. Detentor de vários prémios, em 2010 foi distinguido como «jovem Chef promissor da Cozinha Portuguesa» pelo Exmo. Sr. Presidente da República, Aníbal Cavaco Silva.

Em 2016, inaugurou o seu mais recente projeto pessoal: o restaurante Oficina.

Favas estufadas com chouriço, ovo escalfado, tomate assado e queijo terrincho curado

INGREDIENTES
(4 pessoas)

400 g de favas
200 g de chouriço de carne transmontano
4 ovos
100 g de tomate
180 g de cebola
20 g de alho
220 ml de azeite
40 g de queijo terrincho curado
Coentros q.b.
Vinagre de vinho branco q.b.
Sal q.b.

Faça um refogado com azeite, 100 g de cebola e 10 g de alho picado.

Retire a pele às favas e junte 200 g de favas ao refogado, tempere com sal e deixe cozinhar. Assim que estiverem cozinhadas passe-as até obter puré.

Faça um refogado com azeite, 100 g de cebola e 10 g de alho picado. Junte o chouriço às rodelas, deixe cozinhar alguns minutos e, em seguida, adicione as restantes favas e deixe cozinhar. Tempere a gosto.

Corte o tomate aos gomos, tempere com azeite e sal e leve ao forno a assar.

Numa panela, coloque água e sal, umas gotas de vinagre e deixe ferver. Em seguida, escalfe os ovos e deixe cozinhar durante cerca de 3 minutos.

Comece por colocar o puré no prato, em seguida as favas estufadas e o tomate assado. No centro, coloque o ovo escalfado, rale o queijo e finalize com os coentros.

Rui Paula

Rui Paula nasceu no Porto, em 1967, mas foi no concelho duriense de Alijó, nas férias passadas em casa da família, que desenvolveu desde cedo o gosto pela cozinha, influenciado pela forte ligação à avó materna. Desse tempo, guardou uma memória de sabores, cheiros e texturas, que viria a ser determinante na decisão de, em 1994, abrir em conjunto com a sua mulher, Cristina Canelas, o restaurante Cêpa Torta, em Alijó.

Em 2007, abriu o Restaurante DOC (Degustar, Ousar e Comunicar), que depressa se tornou um ponto de encontro incontornável para quem vive no Douro ou viaja pela região. Em 2010, inaugura o DOP, na zona histórica do Porto. É um regresso às origens que assenta no desafio de criar um restaurante igualmente distinto nesta cidade. Uma cidade de tradições burguesas e cosmopolitas e que leva o nome do vinho fino produzido no Douro, com quem partilha o título de Património da Humanidade.

A truta, legumes da época e o pata negra

INGREDIENTES

120 g de truta salmonada
4 rodelas de abóbora em picle
4 tomates *cherry* rama desidratado
10 parisienses de batata
2 curgetes torneadas
3 triângulos de aipo rábano
4 cogumelos Shimeji
1 nabo baby
2 fatias de presunto pata negra
2 parisiense de curgete

Para o molho do assado da truta:
4 cebolas roxas
3 alhos-franceses
100 g de gengibre
2 folhas de louro
30 g de tomate seco
Paprica fumada q.b.
1 dcl de azeite
50 g de açafrão em pó
Sementes de coentros q.b.
6 tomates
Pimentos de cores (1 de cada)
Pimenta preta em grão q.b.
75 cl de vinho tinto
2 l de caldo de peixe
2 kg de cabeças e espinhas de truta
500 g de cubos de fruta

Comece por fritar e saltear as batatas. Depois, salteie todos os legumes, com a exceção dos picles.

Core a truta em manteiga clarificada e coloque uma fatia de presunto em cima de cada filete.

Prepare o molho do assado da truta:

Coloque os legumes com as espinhas num tabuleiro e leve ao forno durante 1 hora a 180 graus. De seguida, coloque tudo numa panela com o caldo de peixe e o vinho reduzido. Deixe fervilhar durante 2 dias.

Passe pelo passador chinês e a etamine e junte os cubos de peixe salteados com a echalota.

Deixe reduzir e passe novamente pelo chinês e pela etamine. Retifique os temperos e junte um pouco de xantana se necessário.

Índice

AGRADECIMENTOS	**5**
ABERTURA	**9**
PREFÁCIO	**11**
NOTA INTRODUTÓRIA	**13**
ENTRADAS E PETISCOS	**14**
Caldo-verde	17
Francesinha	19
Bola de carne de domingo	23
Perdizes de escabeche	25
Iscas de bacalhau à moda da Ribeira	27
Empadas de coelho	29
Bola de sardinhas	31
Bolinhos de bacalhau	33
Sopa seca	35
PEIXE	**36**
Bacalhau à João do Porto	39
Robalo no forno com batatinhas e esparregado	41
Bacalhau à Zé do Pipo	43

Filetes de pescada com arroz de camarão	45
Costeletas de sardinhas com arroz de feijão	47
Bacalhau à Gomes de Sá	49
Polvo assado no forno com batatinhas novas	51
Bacalhau recheado com presunto	53

CARNES — 54

Tripas à moda do Porto	57
Cabrito do São João	61
Perdizes em Vinho do Porto	63
Arroz de forno à antiga	65
Mão de vitela de fricassé	67
Arroz de cabidela	69
Vitela assada com castanhas	71
Pernil de porco no forno	73
Rojões com tripa enfarinhada	75

SOBREMESAS — 76

Bolo do S. João	79
Aletria dourada	81
Rabanadas de Natal	83
Mexidos	85
Bolos do Douro	87
Papos de anjo	89
Pudim de maçãs	91
Trouxas de ovos	93
Bolo de nozes	95
Sopa dourada do Natal	97
Vinho quente	99
Tarte de frutos secos	101
Pudim francês	103
Bolo de chila	105
Bolo real	107
Pudim real de gemas e laranja	109
Filhós de abóbora-menina	111
Leite-creme	113

Tarte de queijo fresco	115
Musse de amêndoa do Douro	117
Bolachas de aveia	119
Regueifa doce	121
Compota de tomate	123
Compota de abóbora-menina	125
Compota de marmelos	127

CHEFS CONVIDADOS — 128

António Vieira
Filete de robalo, puré de grão, edamame e cogumelos chantereles — 133

Camilo Jaña
Bacalhau gratinado com aioli, migas de broa e grelos e creme de cebola assada — 137

Chefe Cordeiro
Polvo assado no forno com puré de grão-de-bico — 141

Inês Diniz
Filetes de polvo com arroz de polvo — 145

João Pupo Lameiras
Pregado com açorda de brioche de camarão — 149

Luís Américo
Caldeirada de lulas e camarão 32 — 153

Marco Gomes
Favas estufadas com chouriço, ovo escalfado, tomate assado e queijo terrincho curado — 157

Rui Paula
A truta, legumes da época e o pata negra — 161